DER TASSILO-LIUTPIRC-KELCH

SCHÄTZE AUS DEM STIFT KREMSMÜNSTER

SCHÄTZE AUS DEM STIFT KREMSMÜNSTER

Egon Wamers

DER TASSILO-LIUTPIRC-KELCH

mit einem theologischen Beitrag
von P. Altman Pötsch OSB

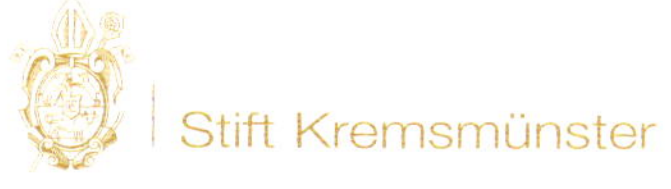

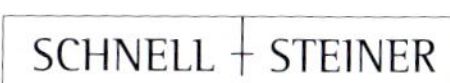

Inhalt

Grußwort

Abt Ambros Ebhart OSB

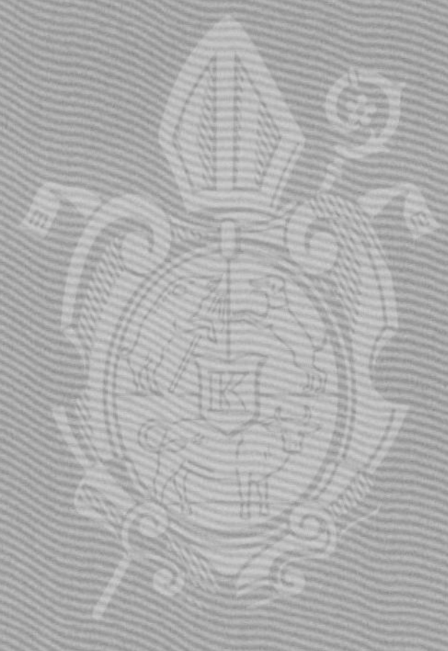

Zwei Jahre nach dem Abschluss des Forschungsprojektes und dem Erscheinen einer großen Monografie über den Tassilo-Liutpirc-Kelch folgt nun eine Broschüre zu dem gleichen Objekt. Der Kelch ist sowohl für unser Kloster wie auch für die Geschichte Bayerns und Österreichs von großer Bedeutung. Seine Auftraggeber, der Baiernherzog Tassilo und seine Frau, die Langobardenprinzessin Liutpirc, waren eng befreundet mit Bischof Virgil von Salzburg, der zuvor Abt eines irischen Klosters war und bei der Gründung von Kremsmünster vermutlich das theologische Programm des Kelchs entworfen hatte.

So vereinen sich auf diesem Kelch zahlreiche europäische Einflüsse zu einem Ganzen, das in seiner Gestalt einzigartig und unvergleichlich vor uns steht. Schon bald nach der Klostergründung im Jahr 777 durch Herzog Tassilo dürfte der Kelch nach Kremsmünster gekommen sein, um seinen Ort nie mehr zu verlassen. Jedes Jahr am Todestag des Herzogs (11. Dezember), dem sogenannten Stiftertag, wird der Kelch bei der Eucharistiefeier verwendet, ebenso am Gründonnerstag bei der Einsetzung der Eucharistie. Bei der Abtwahl dient er als Urne für die Sammlung der Stimmzettel. Nur selten verlässt der Kelch das Haus, so etwa zu den Papstbesuchen 1983 in Wien, 1998 in Salzburg sowie 2004 und 2007 in Mariazell. Er ist auch ein zentrales Urdokument der Geschichte Bayerns; zu seinen Diözesen Salzburg und Passau gehörte damals Kremsmünster.

Die Texte und Bilder dieser Broschüre beruhen im Wesentlichen auf denen der oben erwähnten Monographie »Der Tassilo-Liutpirc-Kelch im Stift Kremsmünster« und bilden eine Kurzfassung dieser Studien. Egon Wamers, damaliger Direktor des Archäologischen Museums in Frankfurt am Main und Leiter des Projekts, hat sich auch um diese Kurzfassung verdient gemacht. Sie gibt einen Überblick über die unterschiedlichen Forschungsergebnisse und versucht, diese außergewöhnliche Zimelie im Kontext ihrer Kulturgeschichte darzustellen. P. Altman Pötsch, der das Forschungsprojekt 2014 initiiert hat, bietet durch seine theologische Interpretation eine neue Sicht auf den Kelch.

+ Ambros Ebhart

Abt Ambros Ebhart OSB
Stift Kremsmünster

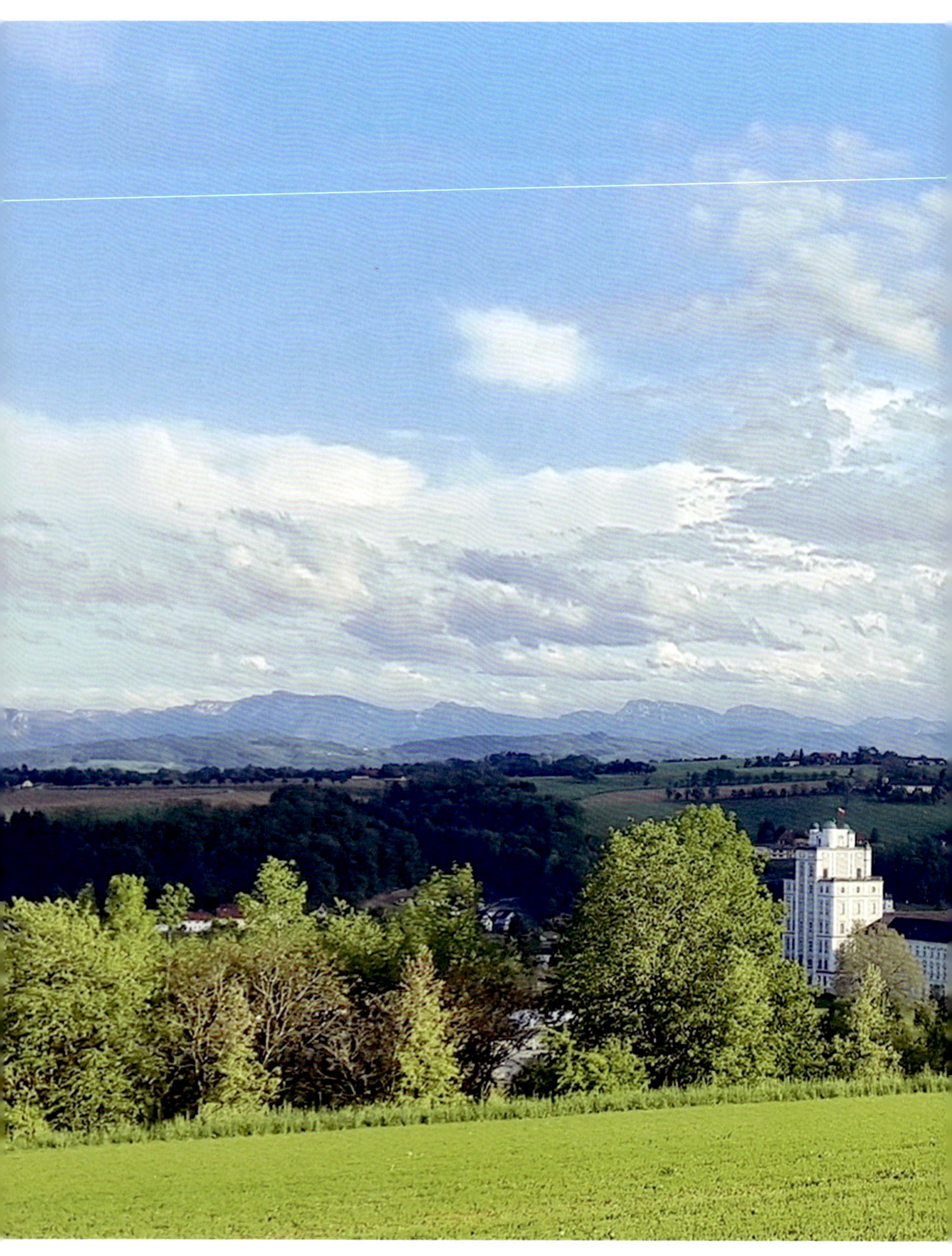

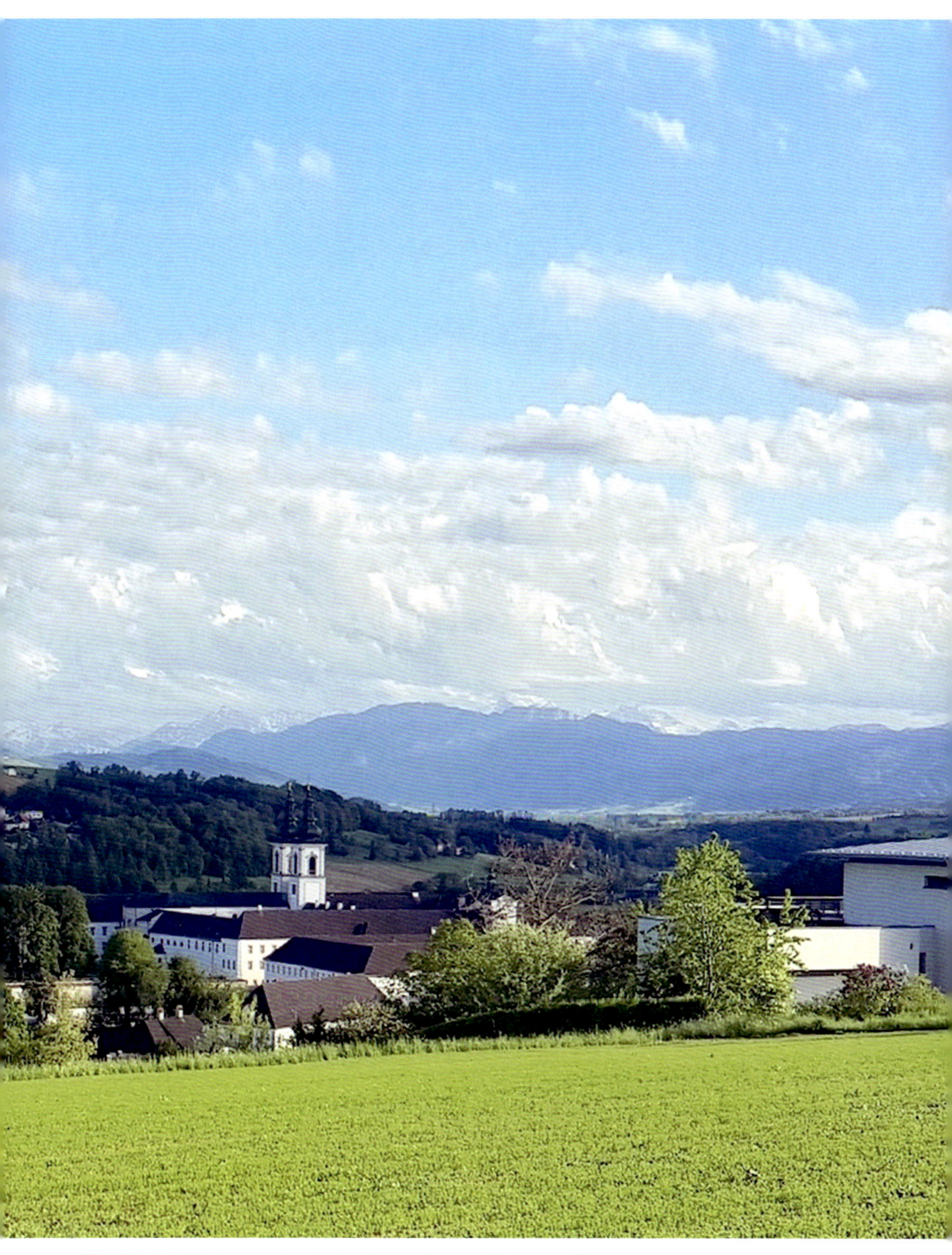

Abb. 1 Stift Kremsmünster im Tal der Krems. Blick gen Mittag.

Kloster Kremsmünster und der Kelch

Die Enns, die heute Oberösterreich von Niederösterreich trennt, bildete schon im 8. Jahrhundert die Grenze zwischen dem Herzogtum Baiern und den Awaren im Osten (Abb. 8). Einen halben Tagesritt weiter westlich ließ im Jahre 777 Herzog Tassilo III. (reg. 748–788) aus dem hochrangigen Adelsgeschlecht der Agilolfinger am Flüsschen Krems ein Kloster errichten, das heutige Benediktinerstift Kremsmünster (Abb. 1; 9). Zu dessen Aufgaben gehörte die Missionierung der heidnischen Völker im Osten sowie die Erschließung des nur dünn besiedelten und kaum bewirtschafteten Grenzlandes, des Traungaus. Wahrscheinlich am 9. November wurde die dem Erlöser (Salvator) gewidmete Kirche im Beisein zahlreicher geistlicher und weltlicher Großer feierlich eingeweiht. Zu diesem Anlass wird sie auch mit dem für Liturgie und Gottesdienst notwendigen Gerät, Messbüchern, Paramenten und anderem ausgestattet worden sein.

Als bedeutendster Kunstschatz des Klosters gilt der reich verzierte eucharistische Kelch (Abb. 21–24), der nach einer Inschrift auf dem Fuß eine Stiftung des Herzogs Tassilo III. und seiner Frau Liutpirc ist: **+ TASSILO DVX FORTIS + LIVTPIRC VIRGA REGALIS** = + Tassilo, starker Herzog + Liutpirc, königlicher Spross (Abb. 2). Liutpirc (in den Schriftquellen auch Liutpirga/Liutperga/Liutberga/Liutbirga/Liutbirc) war die Tochter des letzten Langobardenkönigs Desiderius (reg. 757–774), der bis zur Eroberung seines Reiches 774 durch Karl den Großen in Pavia residierte.

Die (kunst)historische Forschung vermutete zumeist, dass der »Tassilo-Kelch«, wie er bis vor Kurzem genannt wurde, anlässlich der Gründung Kremsmünsters 777 vom Herzog in Auftrag gegeben und gestiftet wurde. Wie bei liturgischem Gerät üblich, gehörte ursprünglich zum Kelch sicher auch eine gleichartig verzierte Patene, die allerdings nicht erhalten ist und von der auch keine schriftliche Überlieferung sicher berichtet. Auch weitere notwendige *vasa sacra* (liturgische Gefäße) wie Pyxiden (Deckeldosen für die Brotspezies), *amulae* (Messkännchen) oder *thuribula* (Räuchergefäße) in gleichem oder ähnlichem Stil sind für die Erstausstattung einer so bedeutenden Klosterkirche denkbar. Dass auch von diesen nichts erhalten oder überliefert ist, hängt im Wesentlichen mit der weitgehend vollständigen Requirierung von Tassilos Staatsschatz und weiteren Arbeiten seiner Hofwerkstätten zusammen, die Karl der Große 788 mit dem Sturz des Herzogs vornahm, um die kollektive Erinne-

+TASSILO DVX FORTI

1

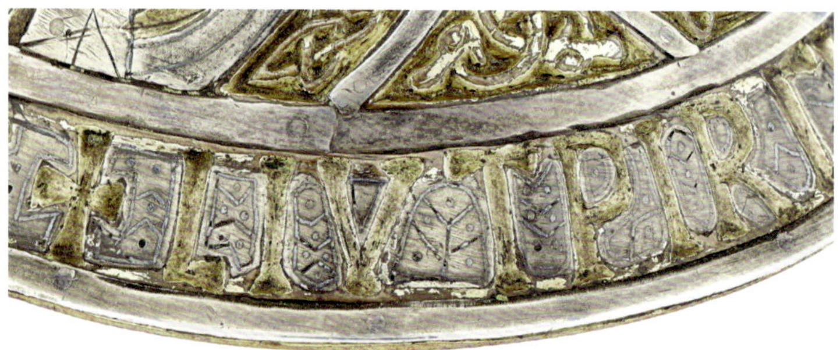

2

Abb. 2 Stifterinschrift auf dem unteren Randfries des Kelchfußes.

1 Umzeichnung.
2 Foto-Ausschnitt aus »+ LIVTPIRC«. Die muldenförmig eingetieften und vergoldeten Buchstaben kontrastieren mit dem niellierten silberplattierten Hintergrund.

rung an Tassilos glanzvolle Herrschaft auszulöschen (*damnatio memoriae*; vgl. S. 19; 65 f.). Vielleicht ging auch manche Zimelie während des Ungarnsturms in der ersten Hälfte des 10. Jahrhunderts verloren, der auch den Traungau in Mitleidenschaft zog. Eine andere, mehrfach geäußerte Deutung des Kelches als »Hochzeitsbecher«, der anlässlich der Eheschließung Tassilos mit Liutpirc 764 geschaffen worden sei, ist angesichts seines ausgesprochen sakral-theologischen Bildprogramms ausgeschlossen. Zudem hätte die neue italisch-insu-

LIVTPIRCVIRGA REGALIS

lare Hofkunst Tassilos (dazu S. 24–29; 60–67), die diesen Kelch so beispielhaft kennzeichnet, schon entwickelt sein müssen, was zu diesem frühen Zeitpunkt aber sehr unwahrscheinlich ist. Und schließlich gehören »Brautbecher« zum spätmittelalterlichen und neuzeitlichen Brauchtum.

Die Geschichte des Kelches im Stift Kremsmünster wurde kürzlich von Pater Altman Pötsch an Hand der Klosterarchivalien ausführlich dargelegt und wird hier kurz zusammengefasst. Die vermutliche Erstnennung findet sich im von Abt Sigmar (1013–1040) angelegten Inventar des Kirchenschatzes, die auf fol. 70v im Kremsmünsterer Codex Millenarius Minor (zweite Hälfte des 9. Jahrhunderts) nachgetragen wurde: *1 · [calix] aureus · cūpatena*. Das ersetzt einen älteren, aber rasierten Text, von dem bislang nur »cupreus« statt »aureus« sowie »cum patena« erschließbar zu sein scheinen (Abb. 3). Vielleicht war sogar die gesamte Seite einer Rasur unterzogen worden, bevor man sie neu beschrieb, doch muss das noch pergamentologisch und paläografisch untersucht werden. Wann Rasur und Textänderung erfolgten, ist ungeklärt: Die Änderung ist von anderer Handschrift, aber in ganz ähnlicher karolingischer Minuskel geschrieben, doch diese Mitte des 8. Jahrhunderts aufgekommene Schriftart wurde noch im 11. Jahrhundert verwendet. Jedenfalls dürfte der Eintrag die Zugehörigkeit eines Kupferkelches samt Patene zum liturgisch genutzten Gerät im frühen 11. Jahrhundert in Kremsmünster belegen.

Erstmals sicher wird der Kelch vom Mönch Berchtold (Bernardus Noricus) für 1325 im Stiftsschatz Kremsmünster erwähnt (*vas … cupreum scelaturis insigne ex auro et argento … in sacrario conservatur* = »das kupferne Gefäß, herausragend durch die Ziselierung in Gold und Silber … in der Sakristei aufbewahrt«).

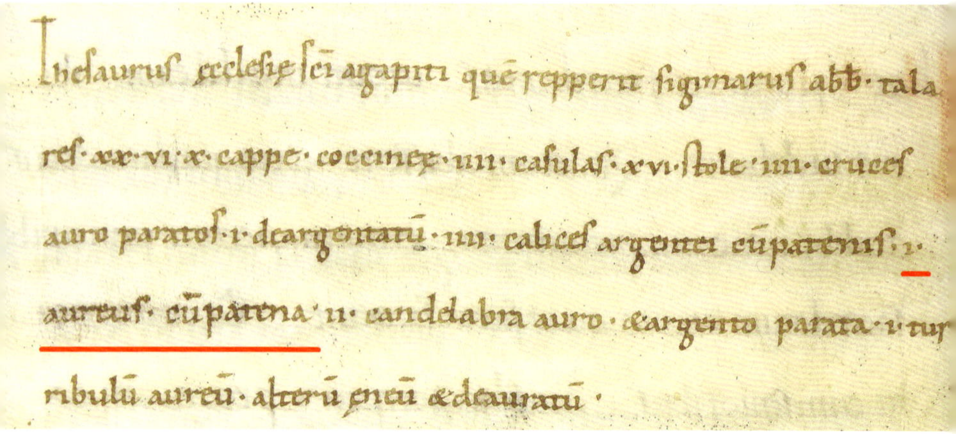

Abb. 3 Vermutliche Erstnennung (vor 1040) des Tassilo-Liutpirc-Kelches für Kremsmünster: Ausschnitt aus dem von Abt Sigmar angelegten Inventar des Kirchenschatzes, Nachtrag im Codex Millenarius Minor, Cim. 2, Stift Kremsmünster (zweite Hälfte 9. Jahrhundert). Die Passage *»1· aureus· cūpatena«* ist hier rot unterstrichen.

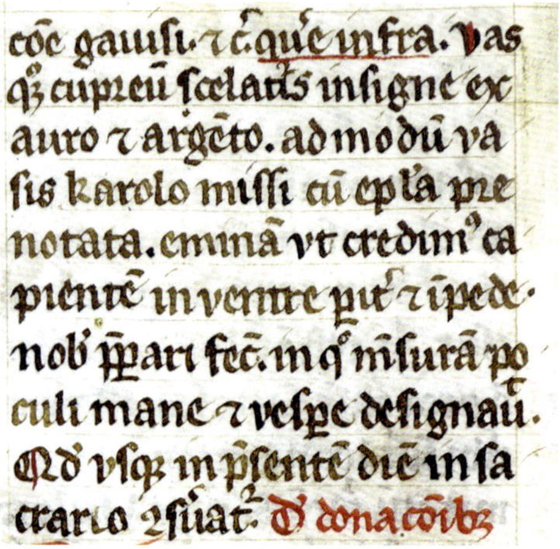

Abb. 4 Älteste sichere Beschreibung des Tassilo-Liutpirc-Kelches von ca. 1325. Satz 7–8 aus dem Kapitel *De monachicis institutis*, verfasst von Mönch Berchtold. Codex Cim. 3, fol. 51v, Ausschnitt: rechte Spalte, Zeile 1–10 von oben.

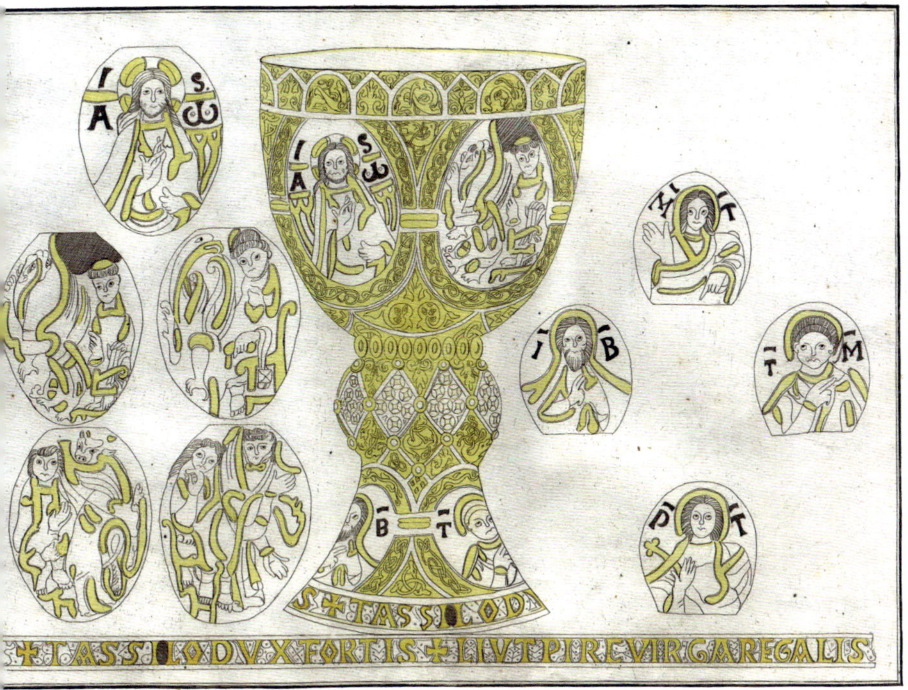

Abb. 5 Der Tassilo-Liutpirc-Kelch, seine Bilder und die Stifter-Inschrift. Handkolorierter, ausfaltbarer Kupferstich aus der Publikation von P. Marian Pachmayr 1777. Im Vergleich zum Original ist der Fuß mit Nodus um etwa 36° zur Cuppa nach rechts verdreht. Das ist eine fehlerhafte Darstellung, weil eine eventuelle Neuverzapfung, die aber technisch nicht nachweisbar ist, wegen des Vierkantniets 45° betragen müsste.

Berchtold nahm jedoch irrtümlich an, dass das Gefäß von Tassilo als Trinkmaß für die Morgen- und Abendmahlzeit im Kloster angefertigt worden sei (Abb. 4).

Im Inventar des Klosters ist der Kelch zum ersten Mal 1588 aufgeführt (*1 khupfern auswendig geschmelzter Kelch*). Die früheste Nennung als »Stifter Becher« ist aus dem Jahr 1696 bekannt; spätestens seitdem war er mit einem silbervergoldeten Einsatz versehen. Die älteste ausführliche Beschreibung stammt aus dem Inventar-Nachtrag von 1728, die erste – und zugleich detaillierte, wenn auch vereinfachende und fehlerhafte – Abbildung in natürlicher Größe war der Kupferstich in Marian Pachmayrs umfangreicher Abtge-

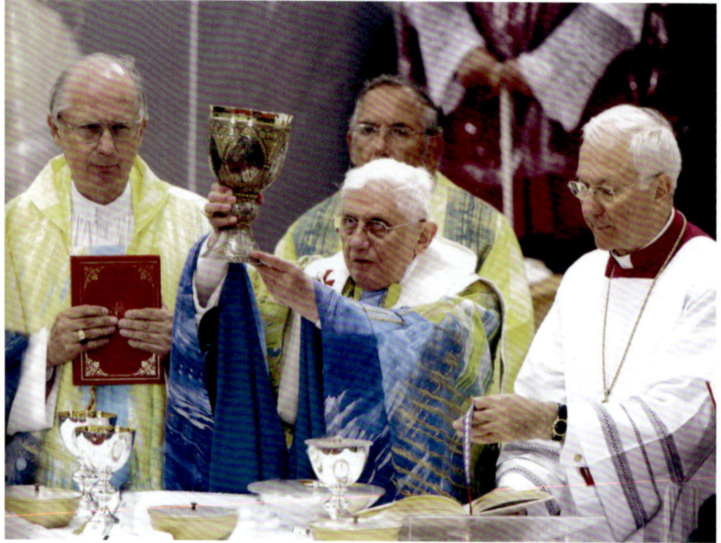

Abb. 6 Der Tassilo-Liutpirc-Kelch bei der Messfeier mit Papst Benedikt XVI. am 7. September 2007 zum 850-jährigen Jubiläum der Basilika von Mariazell in der Obersteiermark.

schichte von 1777 anlässlich des 1000-jährigen Jubiläums der Klostergründung (Abb. 5). 1795 wurden vom örtlichen Kupferschmied Paulus Hueber umfängliche Restaurierungen, vorwiegend an den Silbereinlagen, vorgenommen sowie ein neuer Kupfereinsatz angefertigt, den der Gürtler Wolfgang Derflinger (Dörfler) vergoldete.

Seit der Barockzeit diente der Kelch als profanes Trinkgefäß. Beim alljährlichen Gedenken an den Stifter des Klosters (11. Dezember: vermutlicher Todestag Tassilos III.) tranken Konvent und Gäste im Refektorium jeweils vor dem Mittagessen Wein aus ihm, weshalb er mit einem vergoldeten Einsatz versehen war. Dieser Brauch wurde bis 1877 gepflegt. Der älteste Beleg für die Begehung des Stiftertags stammt aus dem Jahre 1633. Von einer liturgischen Verwendung ist nicht direkt die Rede, fast immer wird er »Gefäß« (*vas*) oder »Becher« (auch »Speisbecher«) genannt. Erst 1857 wurde der Kelch vom Kleriker und Kunsthistoriker Franz Bock bei einem Besuch von Kremsmünster als bedeutendes liturgisches Gefäß erkannt. Er legte eine sorgfältige wissenschaftliche Publikation vor mit ausführlicher textlicher und fotografischer Dokumentation. Von ihm stammt auch die Bezeichnung »Tassilokelch«. Seit der Weihe von Albert Bruckmayr am 28. Oktober 1964 zum Abt von Kremsmünster wird er erneut am Stiftertag und am Gründonnerstag liturgisch verwendet, wobei jedes Mal ein silbervergoldeter Einsatz hineingezwängt wird. Ferner dient er seitdem bei der Abtwahl als Urne. Zu besonderen Anlässen wurde der Kelch auch außerhalb des Klosters liturgisch benutzt: etwa bei Österreich-Besuchen von Papst Johannes Paul II. 1983 und 1998 sowie von Papst Benedikt XVI. 2007 in Mariazell (Abb. 6).

Ende des Zweiten Weltkrieges erlebte der Tassilo-Liutpirc-Kelch das Schicksal zahlreicher österreichischer Kunstwerke. Auf Veranlassung des Landeskonservators Franz von Juraschek wurde er am 15. Mai 1944 zunächst im Salzberg von Altaussee und dann im Kaiser-Franz-Josef-Erbstollen in Lauffen bei Bad Ischl (Abb. 7), beide im Salzkammergut, in Sicherheit gebracht. Der abenteuerliche, mehrtägige Rücktransport nach Kremsmünster in einem Rucksack per Bahn, zu Fuß und auf dem Fahrrad, mit Zwischenlagerung in einem »Nachtkästchen« des Pfarrers in Pettenbach, fand noch vor Kriegsende im April 1945 statt.

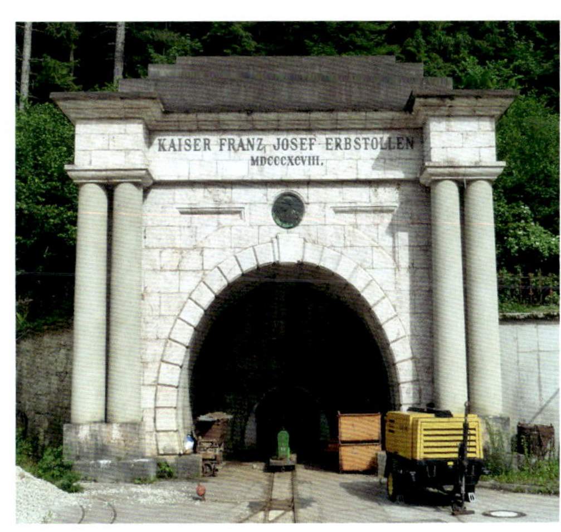

Abb. 7
Eingang in den Kaiser-Franz-Josef-Erbstollen in Lauffen bei Bad Ischl (Ansicht Juni 2019). Hier war der Tassilo-Liutpirc-Kelch 1944/1945 versteckt worden.

Tassilo und Liutpirc in Baiern

Was wissen wir von Tassilo und Liutpirc, den Stiftern des Kelches? Allzu wenig, denn mit dem Sturz Tassilos 788 durch Karl den Großen, der Zwangseinweisung des Herzogspaars und seiner Kinder in westfränkische Klöster und mit der Requirierung des bairischen Staatsschatzes samt Einziehung des Archivs wurde auch die Überlieferung seiner langen, 40 Jahre währenden, eindrucksvollen Regentschaft weitgehend gelöscht und verfälschend umgeschrieben.

Tassilo III. (reg. 748–788) war der letzte Herzog Baierns aus der alten, mächtigen und weitverzweigten Adelsfamilie der Agilolfinger, die seit dem 6. Jahrhundert engstens mit dem langobardischen Adel an der Donau und in Italien und später mit den Karolingern verwandt und verschwägert war (Abb. 8). Tassilos Vater Odilo (reg. 736/37–748) stammte aus dem alamannischen Familienzweig. Nach dem Baiernrecht (Lex Baioariorum) war das erbliche Herzogsamt für die Agilolfingersippe festgeschrieben. Die anfängliche Einsetzung in der Mitte des 6. Jahrhunderts erfolgte durch den Merowingerkönig, weshalb sich die Franken stets als Oberherren des bairischen Dukats betrachteten.

BAIERN IM 8. JAHRHUNDERT

Zur Zeit Tassilos lag das Herzogtum Baiern zur Gänze auf ehemals römischem Provinz-Gebiet: dem östlichen Teil von *Raetia* und dem westlichen von *Noricum*. Es erstreckte sich vom Donaubogen bei Regensburg im Norden bis zum südlichen Alpenraum. Im Westen bildete der Lech die Grenze zum Herzogtum Alamannien, im Osten die Enns zu den heidnischen Awaren, und im Süden waren die Flüsse Drau, Mur, Mürz und obere Enns die Grenze zu den slawischen Karantanen. Außerhalb lag lediglich der Nordgau, ein Landstreifen jenseits der Donau, der nur bis Mitte des 8. Jahrhunderts zu Baiern gehörte (Abb. 9). Im Süden reichte Tassilos Herrschaftsgebiet über den Alpenhauptkamm hinaus bis ins heutige Südtirol um Bozen. Regensburg, das alte römische, steinmauerumwehrte Legionslager Castra Regina, fungierte spätestens seit dem 7. Jahrhundert als befestigte »Metropolis«. Daneben war Iuvavum/Salzburg ein weiterer Residenzsitz, wurde 739 unter Tassilos Vater Odilo (reg. 736/37–748) Bistumssitz und erhielt unter Tassilo verstärkte Bedeutung als neues kulturelles Zentrum. Hier wirkte von 746/47 bis 784 der gelehrte Ire Virgil als Abt und Bischof (siehe Kasten ›Virgil‹ S. 64).

Auch mehr als 300 Jahre nach dem Ende des Römischen Reiches existierte das alte Straßennetz noch im Kern, doch die städtische Civitasstruktur war

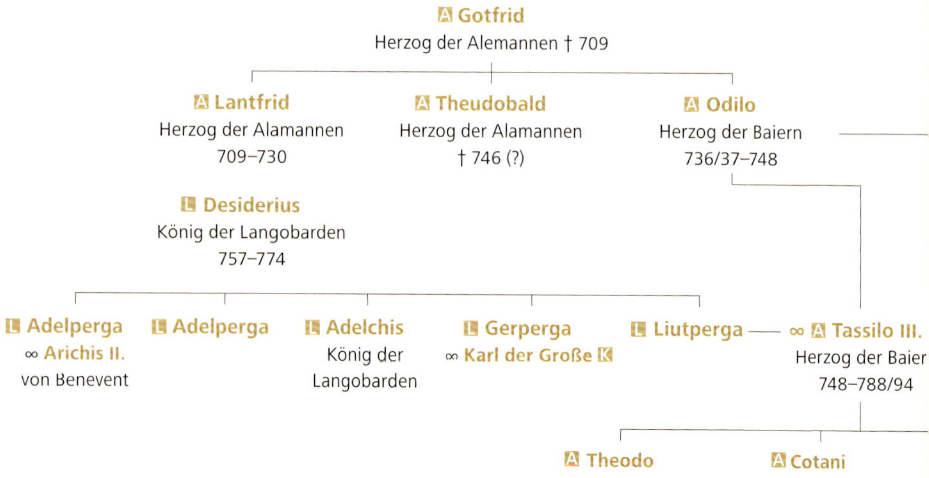

weitgehend vergangen. Nur spärliche Reste urbanen Lebens mit romanischer Kontinuität und christlichen Traditionen hatten sich in den aufgelassenen steinernen Kastellen, ehemaligen Civitas-Hauptorten und Vicus-Siedlungen erhalten. Fruchtbares Acker- und Weideland mit Landgütern, Fron- und anderen Wirtschaftshöfen sowie vereinzelten Weilern wechselten mit ausgedehnten Wäldern, die Holz, Holzkohle, Wild, Honig, Wachs und andere Rohstoffe lieferten und der Schweinemast dienten. Bäche, Flüsse und Seen waren reich an Fischen und Krebsen, und in günstigen Lagen kultivierten Romanen den mediterranen Wein- und Obstbau. In alpinen Zonen wurde die seit Jahrtausenden bewährte Almwirtschaft betrieben, und der industrieartige Abbau von Metallen, Salz und anderen Mineralien stand in keltischem und römischem Erbe. In größeren Anlagen verhüttete man obertägiges Raseneisenerz, und in einigen Flüssen konnte man Gold waschen. Pfalzen und Adelshöfe – zumeist mit kleinen Eigenkirchen – bildeten komplexere Siedlungen, zum Teil mit Steinbauten. Ein neues Siedlungsphänomen waren die Klosteranlagen mit ihren umfangreichen, weit gestreuten Besitzungen.

Tassilo setzte die auf Eigenständigkeit bedachte Politik seiner Vorgänger, insbesondere seines Vaters fort, vor allem in der Kirchen- und Außenpolitik. Im

Langobarden im 8. Jahrhundert

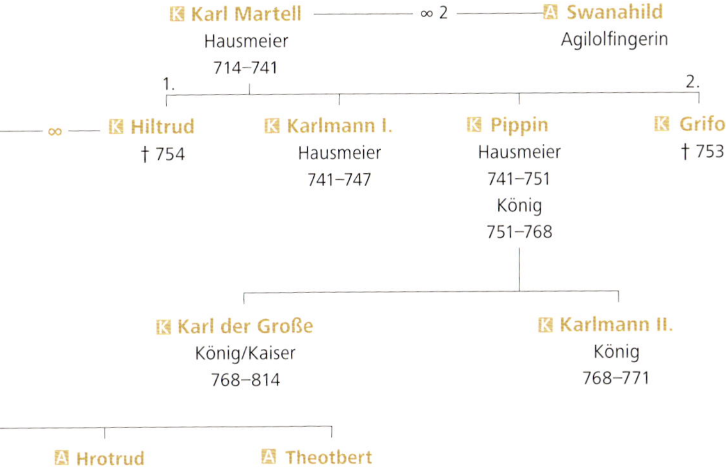

Abb. 8 Agilolfinger A, Karolinger K und Langobarden L im 8. Jahrhundert. Stammbaum.

Wendejahr 763 kam es zum Bruch mit dem Frankenkönig Pippin, und durch Tassilos Sieg über die slawischen Karantanen im Süden war Baiern zum direkten nördlichen Nachbarn der Langobarden in Oberitalien geworden. Die neue geopolitische Lage führte im Folgejahr 764 zur Vermählung mit Liutpirc/Liutperga, einer der Töchter des Langobardenkönigs Desiderius. Diese für beide Seiten nutzbringende Ehe führte nicht nur eine seit Generationen praktizierte dynastische Verbindung fort, sondern sollte vor allem als Bündnis gegenüber dem seit Jahrzehnten aggressiv-expansiven fränkischen Reich der Karolinger dienen. Als Mitgift erhielt Tassilo die seit alters umstrittenen Südtiroler Gebiete um Bozen und Meran zurück. Dieser politischen Heirat war sechs Jahre zuvor (758) die Vermählung von Liutpircs älterer Schwester Adelperga mit Arichis II. aus langobardischem Adel vorangegangen, verbunden mit der Einsetzung des Schwiegersohns als Herzog von Benevent (reg. 758–787). Das Heiratsbündnis 770 von Desiderius' jüngster Tochter Gerperga und Karl dem Großen beendete jedoch der Frankenkönig, der die Langobardenkrone anstrebte, nach gut einem Jahr (Abb. 8).

Liutpirc und Tassilo hatten zwei Söhne (Theodo und Theotbert) und zwei Töchter (Cotani und Hrotrud). Theodo wurde 772 von Papst Hadrian I. in Rom

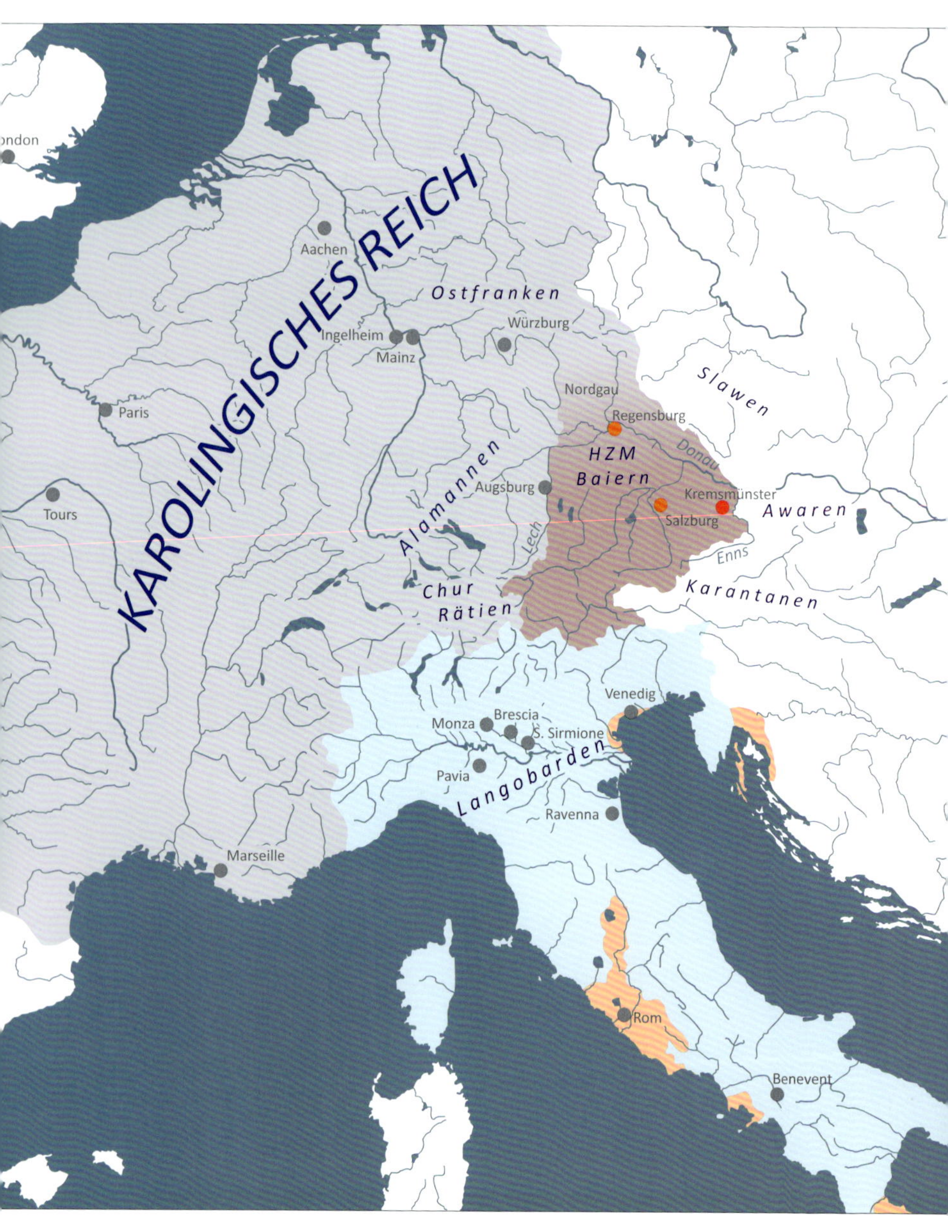

Abb. 9 Das Herzogtum Baiern um 785 und seine Nachbarn.

getauft und gesalbt – erstmalig für einen nichtköniglichen und nichtkarolingischen Prinzen; damit stand Theodo auch unter der geistlichen Patronage des Papstes. Im selben Jahr siegte Tassilo endgültig über die erneut rebellierenden Karantanen und nahm ihre Missionierung, die von Salzburg und Freising ausging, wieder auf – diesmal mit mehr Erfolg als zuvor. Sie wurde maßgeblich von Virgil geleitet, und an ihr waren neben Romanen auch Iren beteiligt. In Freising pries der Ire Peregrinus den herzoglichen Slawensieger und -missionar als neuen Konstantin und reihte ihn so unter die höchsten christlichen Herrscher ein.

Ein Schwerpunkt von Tassilos Herrschaft war die Kirchenpolitik: Durch Synoden reformierte er die bairische Landeskirche; als faktisches Kirchenoberhaupt, und damit königliche Rechte in Anspruch nehmend, festigte er das Band zwischen Kirche und Herzogtum. Zahlreiche Klostergründungen wie Altaich, Innichen, Frauenchiemsee, Kremsmünster, Polling, Tegernsee und Wessobrunn – wichtige Klöster wie Herrenchiemsee, Mondsee oder St. Peter und Nonnberg in Salzburg waren schon von seinen Vorgängern gegründet worden – bildeten das geistige, intellektuelle, wirtschaftliche und personelle Fundament seiner Herrschaft (Abb. 10). Noch heute sind sie Glanzpunkte der nordalpinen Kulturlandschaft. Neben der Bildung und Erziehung der Kinder der einheimischen und fremden (awarischen und karantanischen) Fürsten sowie der Missionsarbeit dienten sie der Erschließung des weithin dünn besiedelten Landes und der Herrschaftssicherung. Das gilt besonders für Klöster in Grenznähe wie Kremsmünster, Innichen und wohl auch Müstair im Vinschgau. Zahlreiche Kirchen wurden errichtet, darunter die repräsentativen Bauten von Salzburg und Regensburg.

Tassilo herrschte 40 Jahre als erbberechtigter Regent über das Herzogtum Baiern, das Zeitgenossen als »königliches Fürstentum« ansahen. In Urkunden wurde er als »höchster« und »glorreicher Fürst« bezeichnet, sein Reich als *regnum* und seine weitgehend selbständige Herrschaft als königsgleich. Wie ein byzantinischer Konsul mit *Patrikios*-Würde führte Tassilo ein Szepter mit der figürlichen Bekrönung eines Oberherrn, welcher jedoch ungenannt bleibt. Zahlreiche Grafen aus dem Adel wirkten mit militärischen und richterlichen Funktionen im Auftrag des Herzogs; wesentlicher Teil der Exekutive waren ferner Verwalter, Gefolgschaftsleute und Gesandte. Ähnlich wie die merowingische *Capella* wirkte ein geistliches Kollegium aus Kaplänen für die herzogliche Kanzlei und Administration. An den Klöstern und Bistumssitzen erblühten

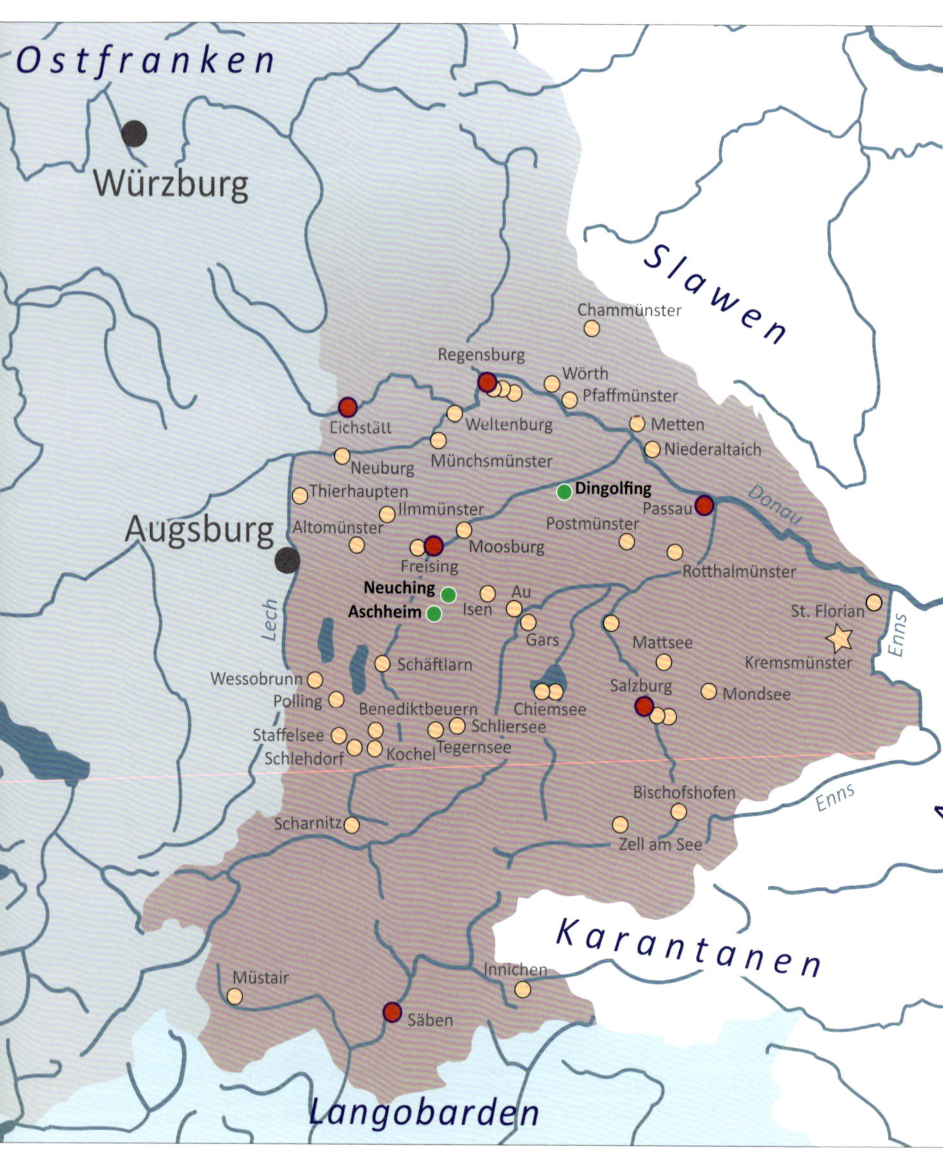

Abb. 10 Herzogtum Baiern um 785. Bischofssitze und Klöster (Kremsmünster) der Agilolfingerzeit sowie die Synoden unter Tassilo III. von Aschheim, Neuching und Dingolfing.

Wissenschaft, Literatur und vor allem Schreib- und Buchkunst; die Zentren waren neben Regensburg, Benediktbeuren und Tegernsee vor allem Freising, Mondsee und Salzburg. Selten erhaltene Werke der Schatz- und Zierkunst (z. B. der Tassilo-Liutpirc-Kelch), der Buchmalerei (Psalter von Montpellier in Mondsee, Abb. 26; Cutbercht-Evangeliar, in Salzburg gefertigt, vgl. Abb. 33) und des Bauschmucks (Kloster Müstair, Abb. 27) zeugen von einer neuartigen, innovativen Hofschule, in der italische und insulare Traditionen zu einem singulären, spannungsreichen Compositum verschmolzen (vgl. S. 48–59).

DIE ROLLE LIUTPIRCS

An dieser Blüte des religiös-kulturellen Lebens in Tassilos Reich scheint seine bei den Franken verhasste Gemahlin Liutpirc einen nicht unbedeutenden Anteil gehabt zu haben – darin der Tradition ihrer langobardischen Königsfamilie folgend (Abb. 8). Ihre älteste Schwester Anselperga wurde Äbtissin des 753 von ihren Eltern Desiderius und Ansa gegründeten Klosters San Salvatore/ Santa Giulia in Brescia. Ansa selbst gründete 765 auf der Halbinsel Sirmione im Gardasee ein dem Salvator (Erlöser) geweihtes Frauenkloster. Liutpircs Schwester Adelperga und ihr Gemahl Fürst Arichis waren mit der antiken Bildung ebenso vertraut wie mit der christlichen Heilsgeschichte und förderten nachhaltig eine am beneventanischen Hof eingerichtete Palastschule, die für einige Jahre Paulus Diaconus leitete, der umfassend Gelehrte, Historiker, Poet und Erzieher von Adelperga. Die berühmte, um 760 gestiftete Sophienkirche von Benevent fungierte als Hofkapelle; an ihr war ein Frauenkloster angeschlossen, dessen erste Äbtissin Arichis' Schwester wurde. In Kunst, Architektur und Bildung war das langobardische Italien in der zweiten Hälfte des 8. Jahrhunderts führend im kontinentalen Europa; dabei spielten die adeligen Frauen eine überaus aktive Rolle.

Vor diesem dynastischen sowie religiös-kulturellen langobardischen Hintergrund sind Liutpirc und ihr Wirken als Frau des bairischen Fürsten zu sehen. Hinzu kam das bittere Schicksal ihrer glanzvollen königlichen Familie, als 774 Karl der Große nach der Eroberung des Langobardenreiches ihre Eltern Desiderius und Ansa sowie eine Schwester in westfränkischen Klöstern verschwinden ließ. Da war sie gerade 10 Jahre fürstliche Gemahlin in Baiern, doch es scheint, dass dieses Ereignis sie in besonderer Weise anspornte, eine ähnliche königliche, künstlerisch-stifterliche Wirksamkeit in ihrer neuen Heimat Baiern zu initiieren und zu fördern. Dabei stand ihr Ambrosius zur Seite, ihr langobardischer »Haus-

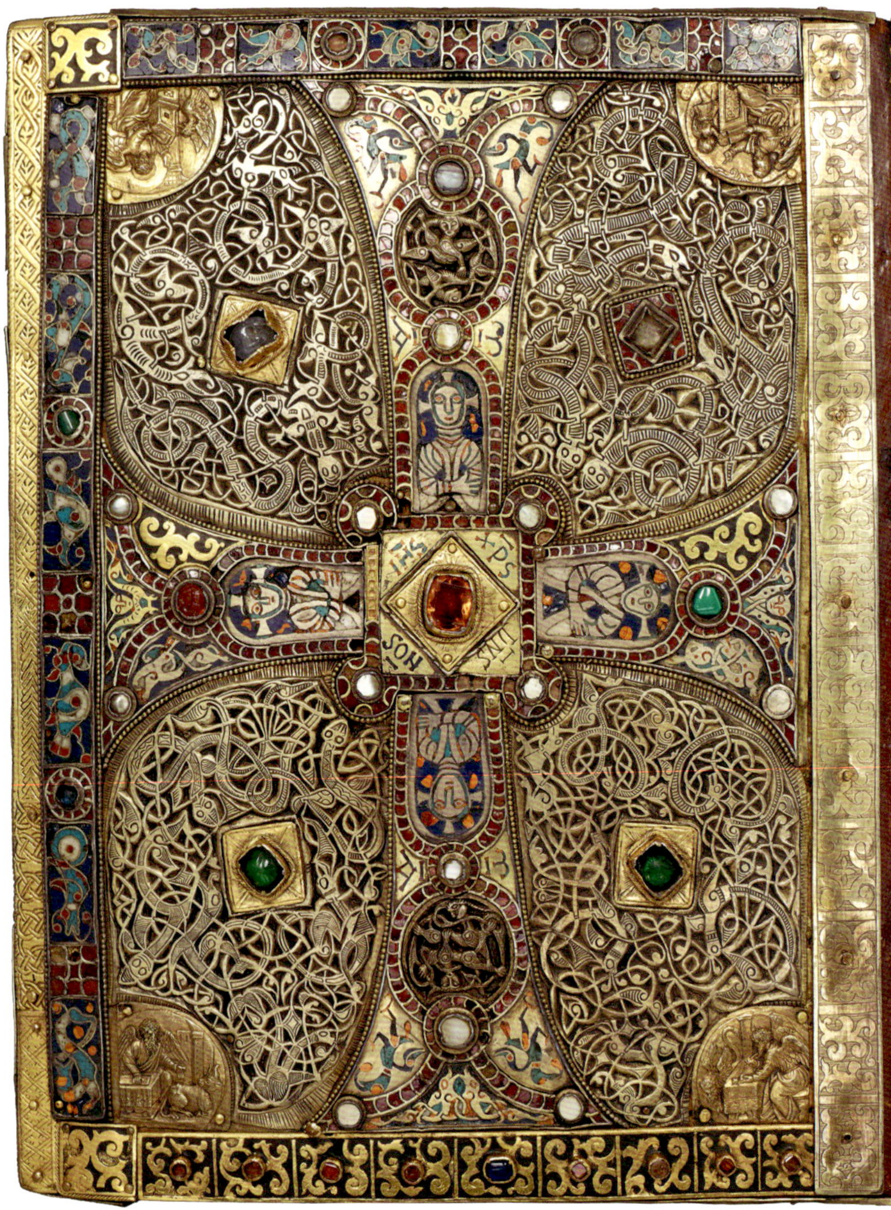

Abb. 11 Älterer Lindauer Buchdeckel, ein Erzeugnis von Tassilos Hofwerkstatt, 775–788 – vielleicht eine Stiftung von Liutpirc.

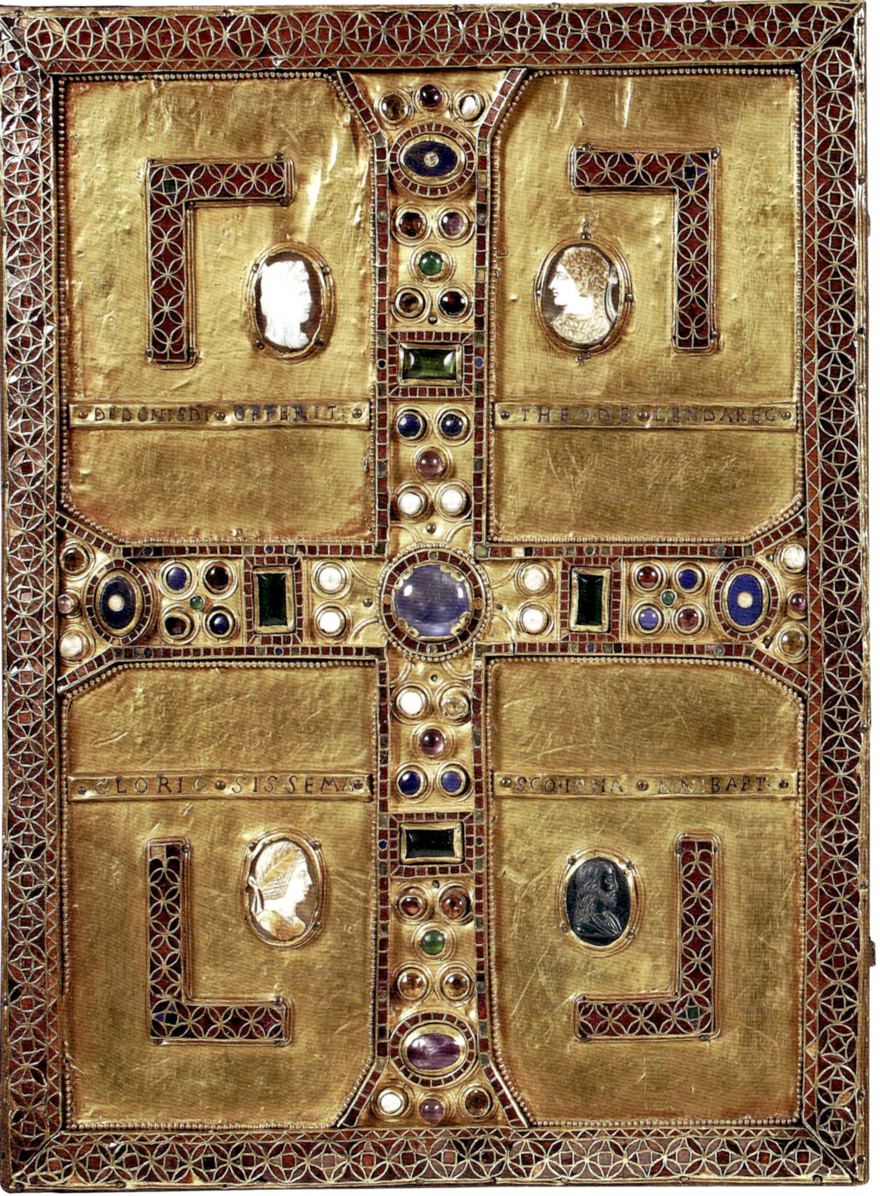

Abb. 12 Linker Buchdeckel vom Evangeliar der Theodolinde, bairische Herzogstochter und langobardische Königin, im Domschatz zu Monza, um 600.

kaplan« und späterer Abt von Herrenchiemsee. Dass sich 14 Jahre später das Schicksal ihrer alten langobardischen Familie an ihrer neuen bairischen Familie wiederholte, und zwar noch radikaler, war besonders tragisch. Doch ein vom langobardischen Splendor beleuchtetes bairisches Regnum dürfte für den rebellischen Adel Ostfrankens attraktiver gewesen sein, als Karl tolerieren konnte.

Die Stifterinschrift auf dem heute in Kremsmünster bewahrten Kelch (+ Tassilo, starker Herzog + Liutpirc, königlicher Spross, Abb. 2) zeugt von diesem kulturellen Anspruch, den Liutpirc hier selbstbewusst kundtat: als Stifterin königlichen Geblüts, gleichwertig neben ihrem herzoglichen Mann – selbst wenn dessen Name durch seine Positionierung unmittelbar unter dem Christus-Medaillon der Cuppa hervorgehoben ist. Vielleicht war die äquivalente Mitnennung von Ansa in der Stifterinschrift, die Desiderius 753 im Hauptschiff von San Salvatore in Brescia anbringen ließ, Vorbild gewesen: *regnantem Desiderium [c]um coniu[ge sua Ansa* – eine Formulierung, die im Widmungsgedicht des Godescalc-Evangelistars von 783 aufgegriffen wurde: ... *Francorum .. Carlus Rex pius egregia Hildgarda com coniuge ...*

Eine weitere liturgische Zimelie, der Ältere Lindauer Buchdeckel, den Victor Elbern ebenfalls für eine Stiftung Tassilos hielt, ist ein genauso komplexes, multistilistisch, polytechnisch und koloristisch gestaltetes Werk der herzoglichen Goldschmiedeateliers aus dem Salzburger Raum wie der Kelch – mit reichem insularem und italischem Bildschmuck, aber von besserer handwerklicher Qualität (Abb. 11). Der von einem großen zentralen Gemmenkreuz im Rechteckrahmen überspannte Buchdeckel rekurriert in neuer Bildsprache auf die berühmten Deckel des Evangeliars der Königin Theodolinde (um 565–627) im Domschatz zu Monza (Abb. 12), mit dem er auch die Größe (ca. 34 x 25 cm) gemeinsam hat. Theodolinde (Theudelinde) war die Tochter des ersten Baiernherzogs Garibald (reg. um 550 – um 593) und der langobardischen Königstochter Waldrada sowie von 584–616 die Ehefrau der Langobardenkönige Authari und Agilulf. Sie förderte den Katholizismus unter den arianischen Langobarden und beauftragte den Bau der Johanneskirche in Monza, des Vorläufers des heutigen Doms, zu dessen Schatz das Evangeliar gehört. Eine von mehreren weiteren Stiftungen des Königspaares war Kloster Bobbio, das 614 vom Iren Columban d. J. gegründet und dessen erster Abt er wurde. Wie knapp 200 Jahre später im Fall von Liutpircs Eltern, verschwanden Theodolindes bairische Eltern Garibald und Waldrada im Gefolge eines von den Franken initiierten Umsturzes spurlos aus der Geschichte. Es liegt nahe, in Liutpirc die Initiatorin, wenn nicht gar Stifterin des Älteren Lindauer Buchdeckels zu sehen – sicherlich als Zitat des Evangeliars einer verehrten königlichen Ahnin und vorgesehen für einen hochrangigen Kirchenbau. Man ist geneigt, eine Beauftragung zu oder nach 774 zu vermuten.

775, ein Jahr nach dem Sturz des Langobardenreiches, wurde im Vinschgau, das zu Tassilos Südtirol-Mitgift gehörte, die heute wundersam erhaltene, Johannes dem Täufer geweihte Klosterkirche von Müstair errichtet. Aus historischen Gründen wird Tassilo als Gründer und Stifter der Klosterpfalz vorgeschlagen. Das kann durch das variantenreich dekorierte Architekturmobiliar der Kirche aus den unweit anstehenden Laaser Marmor gestützt werden, das neben langobardisch-italischem Dekor besonders prägnant mit insularen Motiven der Schatzkunst Tassilos verziert ist (siehe unten Abb. 27). Eine direkte, z. B. programmatische Mitwirkung Liutpircs an der Müstairer Kirchenausstattung ist nicht belegbar. Doch verblüfft, dass sowohl in St. Johann wie im Kloster Frauenwörth auf der Chiemsee-Insel Brüstungsbalken der Schrankenanlagen aus Laaser Marmor verwendet wurden, die mit übereinstimmenden Ziermotiven, wenn auch von unterschiedlicher Ausführungsgüte, versehen sind. Das Frauenkloster auf der Chiemseeinsel wurde 782 unter maßgeblicher Mitwirkung von Liutpirc errichtet, offenkundig als memoriale Hommage an das 765 von ihrer Mutter Ansa gegründete Salvator-Frauenkloster auf der Gardasee-Halbinsel Sirmione.

Für die Stifterinschrift auf dem Kelchfuß scheinen ebenfalls langobardische Bezüge erkennbar zu sein. **TÁSSILO DÚX FORTÍS / LIÚTPIRC VÍRGA REGÁLIS** – seine Intitulations-Formel kann auch als Versmaß eines leoninischen Hexameters oder Pentameters komponiert sein. Im 8. Jahrhundert war der Hexameter bei insularen und vor allem langobardischen Dichtern sehr beliebt. So hat etwa Paulus Diaconus, der begabteste Poet der Zeit, zahlreiche Gedichte, Widmungen und Grabinschriften in diesem Versmaß verfasst, unter anderem einen Hymnus auf Johannes den Täufer, den langobardischen Hofheiligen und Patron der von Theodolinde gestifteten Palastkirche San Giovanni zu Monza. Hat Paulus Diaconus auch die Stifterinschrift für den Kelch verfasst?

Fast ein Viertel Jahrhundert lang hat das Fürstenpaar Tassilo und Liutpirc das geistig-religiöse und künstlerisch-kulturelle Leben in Baiern gefördert und geprägt. Der Anteil der langobardischen Königstochter daran ist vor allem durch die *damnatio memoriae* Karls des Großen verdunkelt. Erst der Kelch in Kremsmünster erhellt das Wirken der Fürstin, weshalb wir ihn **Tassilo-Liutpirc-Kelch** nennen.

Kupfer, Silber, Gold, Niello und Glas Material und Herstellungs-technik des Kelches

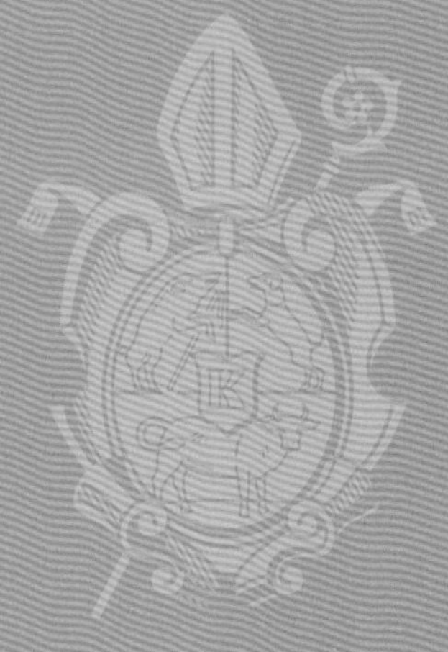

Wie aus schierem Gold und Silber wirkt der knapp 26 cm hohe Kelch, markiert von schwarzen Linien und Buchstaben sowie kleinen runden Glaseinlagen. Doch sein Körper – Cuppa, Nodus und Fuß – ist aus reinem, bergfrischem Kupfer getrieben, Nodus und Fuß dabei aus einem einzelnen Werkstück (Abb. 13). Umfangreiche archäometrische und goldschmiedetechnische Untersuchungen 2016 im Römisch-Germanischen Zentralmuseum Mainz (Susanne Greiff, Sonngard Hartmann, Stephan Patscher, Florian Ströbele) haben den Kelch in material- und fertigungskundlicher Hinsicht nach modernsten Methoden völlig neu analysiert. Der anschließende Text beruht wesentlich auf den Ausführungen von St. Patscher im Sammelwerk von 2019.

Cuppa und Nodus-Fuß sind mit einem kräftigen, aus der Cuppa herausgetriebenen Vierkantniet miteinander verzapft (Abb. 16–17). Ein gegossener 24-perliger vergoldeter Kupferring umschließt und verdeckt die Nietstelle. Die Außenseite wurde vergoldet, silberplattiert sowie mit Niello- und Glaseinlagen verziert. Die äußere Oberfläche ist in mehr als 100 geometrische Felder gegliedert, die durch schmale versilberte und niello-markierte Leisten voneinander getrennt werden. Große ovale und rautenförmige Silberflächen mit figürlicher, geometrischer und Buchstaben-Verzierung dominieren Cuppa, Nodus und Fuß; die übrigen kleineren Felder sind mit kerbgeschnittenen vergoldeten Tier-, Pflanzen- und Flechtwerkmotiven gefüllt. Am unteren Fußende verläuft der Fries mit der Stifterinschrift.

DIE FERTIGUNG DES KELCHES

Der Kelch wurde in einer Goldschmiedewerkstatt nach einem detaillierten Entwurf gefertigt. Zunächst hat man aus zwei gegossenen Kupferplatten die Cuppa samt Niet sowie den Fuß samt Nodus getrieben und geglättet. Dann erfolgte das schwierige Anzeichnen oder Anritzen der zweidimensionalen Vorlage auf die beiden dreidimensionalen Gefäßkörper. Danach schnitten die Handwerker aus der kupfernen Außenwandung das geometrische Gittermuster (dazu S. 69–71), den Kerbschnittdekor, die 36 runden Fassungen für die Glaseinlagen auf dem Nodus sowie die flachen Gruben für die Silbereinlagen heraus. In diese trieben sie dann kleine Silberplättchen (circa 90–94 % Silber, 6–10 % Kupfer, geringe Spuren von Blei, Gold und Zink) fest, die zum Teil genietet werden mussten (was etwa gut am Christusmedaillon erkennbar ist, Abb. 14), und glätteten sie auf der Oberseite, so dass keine Naht sichtbar blieb.

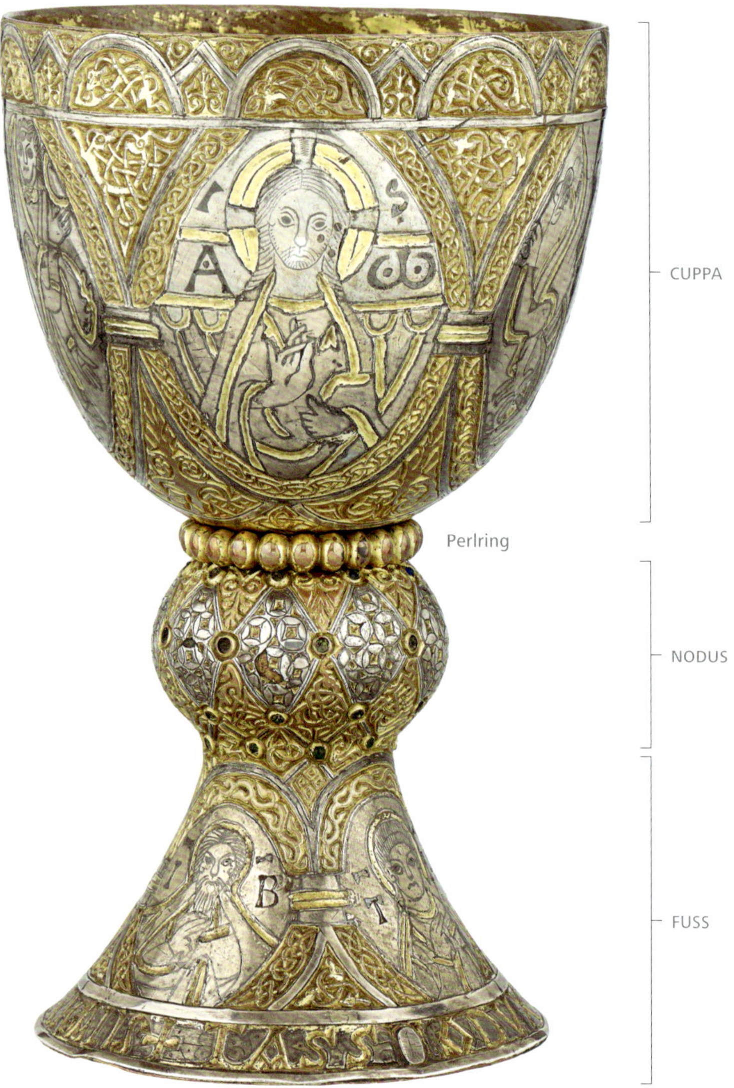

Abb. 13 Der Tassilo-Liutpirc-Kelch, Christusseite.
Seine heutigen Maße betragen: Höhe 25,4–25,8 cm; Cuppadurchmesser 15,6–15,96 cm; Fußdurchmesser 13,46–13,54 cm; Gewicht 2.372,56 g; Fassungsvermögen der Cuppa ca. 1,6 ltr.

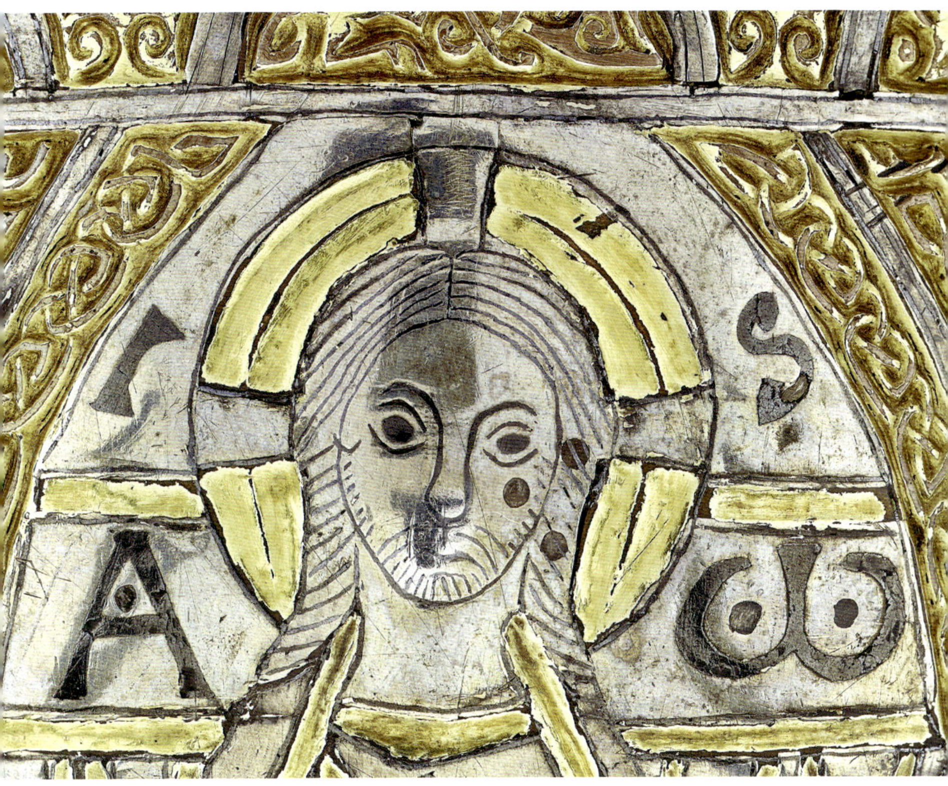

Abb. 14 Christus-Medaillon auf der Cuppa, Ausschnitt. Die Buchstaben I, S, A und ω, die Pupillen, die Augen-Nasen-Konturen sowie die feinen Linien von Haar und Bart sind nielliert. Die dunklen Punkte in A und ω sowie auf der linken Gesichtshälfte (im Bild rechts) sind Niete, die stärker korrodiert sind als die Silberplättchen. Über die beiden äußeren Niete ziehen Niellolinien, die also nach der Vernietung eingebracht wurden. Auch der linke Niet ohne Niello-Überquerung ist original, denn er besteht aus der gleichen Legierung wie die beiden anderen. Die eingestochenen Zickzack-Linien auf dem oberen Balken im Kreuznimbus sind sekundär. Die Feuervergoldung der gemuldeten Balken und Nimbusbögen ist direkt auf die Kupferfläche aufgebracht worden; vereinzelte randliche Kleckse rühren von nicht ganz exakter Verteilung der Amalgam-Mischung. Bei den kerbgeschnittenen Feldern ist die Vergoldung auf den Höhen zum Teil abgenutzt.

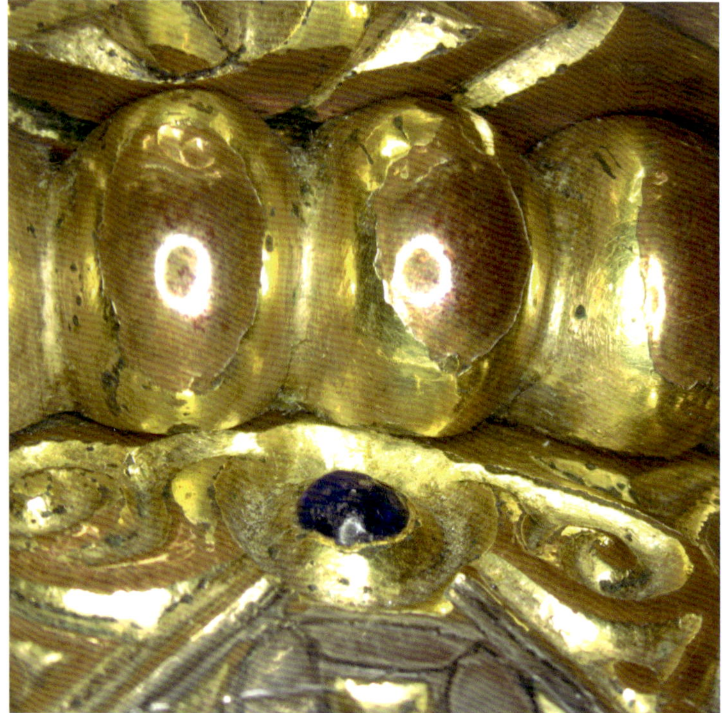

Abb. 15 Detailaufnahme von der Verbindungsstelle von Cuppa und Nodus unterhalb des Markus-Medaillons. Die Vergoldung ist am Perlring partiell abgegriffen. Der blaue Glascabochon wurde aus Platzgründen vor dem Zusammenfügen von Cuppa, Perlring und Fuß eingefasst. Die Innenkontur des Perlrings ist der Kontur des Kelches angepasst.

Darauf brachten sie das schwärzliche Niello-Material in die zuvor ausgravierten Linien und Muster ein und polierten sie (siehe Kasten ›Niello‹). Auch die Stege und die Buchstaben-Zwischenräume des Inschriftenfrieses erhielten niellierte Silberblech-Auflagen. Anschließend folgte die Feuervergoldung (siehe Kasten ›Feuervergoldung‹) der äußeren Kupferflächen von Cuppa und Nodus-Fuß, der Mulden in den Silberflächen sowie des zwischenzeitlich gegossenen Perlrings (Abb. 15; 20–24). Dabei kam es wohl auch zu partiellen Vergoldungs-Flecken und -spritzern in den Innenseiten von Cuppa und Fuß (Abb. 16), aber offensichtlich zu keiner flächigen Vergoldung. Nun setzten die Goldschmiede die grünen und blauen transluziden Glascabochons (gewölbte Glassteine) in die 36 runden Fassungen und fixierten sie durch Andrücken (Abb. 15); die meisten von ihnen sind heute beschädigt (15) oder verloren (34).

Anschließend wurden Cuppa und Nodus-Fuß-Teil durch einen Vierkantniet unverdrehbar miteinander verzapft, wobei der Niet von der Fußseite aus festgehämmert wurde (Abb. 16; 17). Eine spätere De- und Neumontage ist nicht erkennbar. Daraus folgt, dass die heutige Position ursprünglich und die Stellung der Medaillons und der sonstigen Dekorelemente von Cuppa zu Nodus-Fuß die originale ist (vgl. auch Abb. 5). Der vor dem Verbinden von Cuppa und Fuß zwischen beide Kelchelemente eingefügte massive Perlring war einst unbeweglich; er überdeckt die Nahtstelle, die er fest umschloss, und stützte dabei die große, bei Füllung sehr schwere Cuppa. Heute ist der Ring locker und beweglich, weshalb verschiedentlich vermutet wurde, dass der Kelch, am Ring gehalten, drehbar für die Konsumation von Wein war. Dies ist – auch hinsichtlich des Gewichts von 4 kg einschließlich Füllung mit Wein – ausgeschlossen.

Am Kelch sind einige Korrekturen und Reparaturen erkennbar. Im Zuge der Herstellung wurde etwa der Daumen der linken Hand Christi von einer ursprünglich liegenden zu einer abgespreizten Position geändert. Nach ikonographischem Vergleich müsste die Bildvorlage einen von der Linken gehaltenen Codex vorgesehen haben – vermutlich ist hier das ursprüngliche Konzept fehlerhaft übertragen worden (Abb. 18,1–2). An mindestens neun Stellen sind weitere Reparaturen deutlich erkennbar, die vor allem herausgefallene Silberplättchen und Randleisten ersetzen sollten (Abb. 19). Die Ergänzungen lassen sich oftmals auch anhand abweichender Silberlegierung diagnostizieren. Die meisten Reparaturen wurden vermutlich Ende 1795 vom Kupferschmied Paulus Hueber durchgeführt, worüber im Stiftsarchiv eine Rechnung erhalten ist. Auf dem großen Stich von Marian Pachmayr von 1777 sind sie zum Teil als Fehlstellen markiert (Abb. 5). Andere beobachtete Reparaturen lassen sich vielleicht zwischen 1777 und 1795 datieren. An einigen Stellen ist eine partielle zweite Vergoldungsphase erkennbar, insbesondere an erhabenen Partien, die wohl abgerieben waren. Sie gehören vermutlich ebenfalls zu den Arbeiten von Hueber, der auch den neuen, von Dörfler vergoldeten (siehe oben S. 16) Einsatz fertigte.

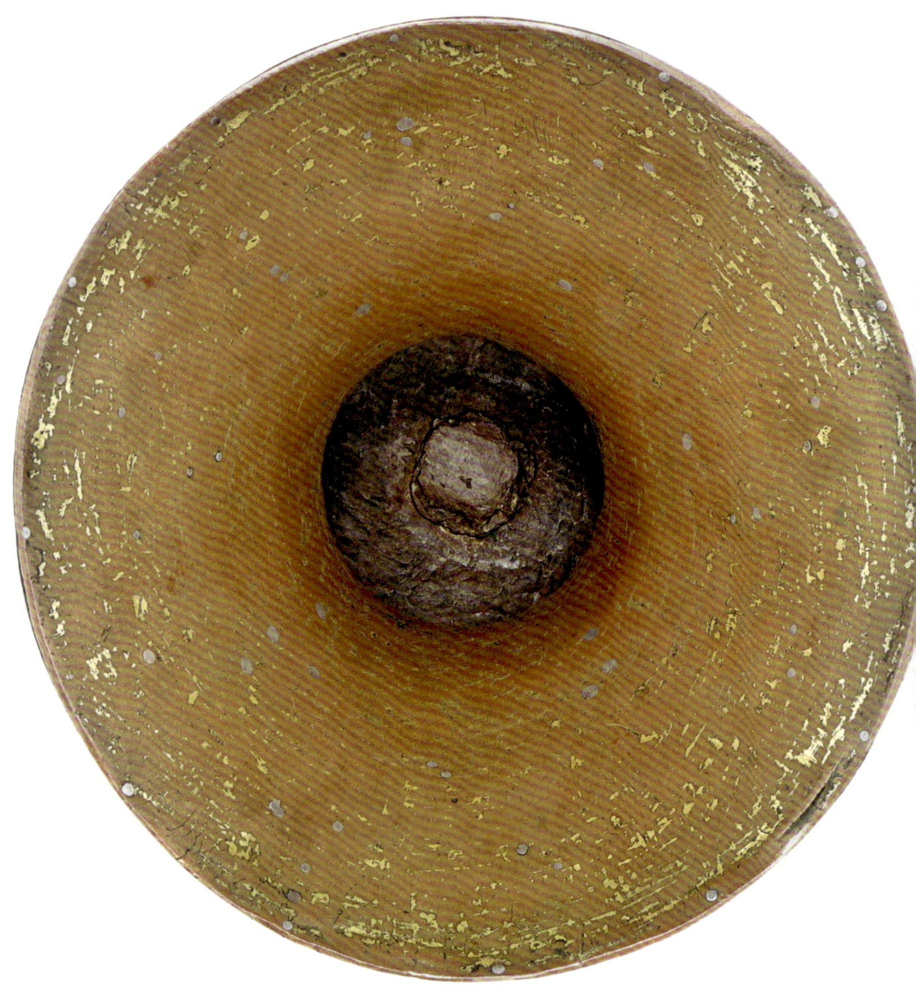

Abb. 16 Blick in den Fuß mit der Vernietung von Fußteil und Cuppa im Inneren des Nodus. Das breitgeschmiedete Nietende ist gut erkennbar. Erkennbar sind auch die auf der Außenseite angebrachten Silberniete zur Fixierung von Silbereinlagen.

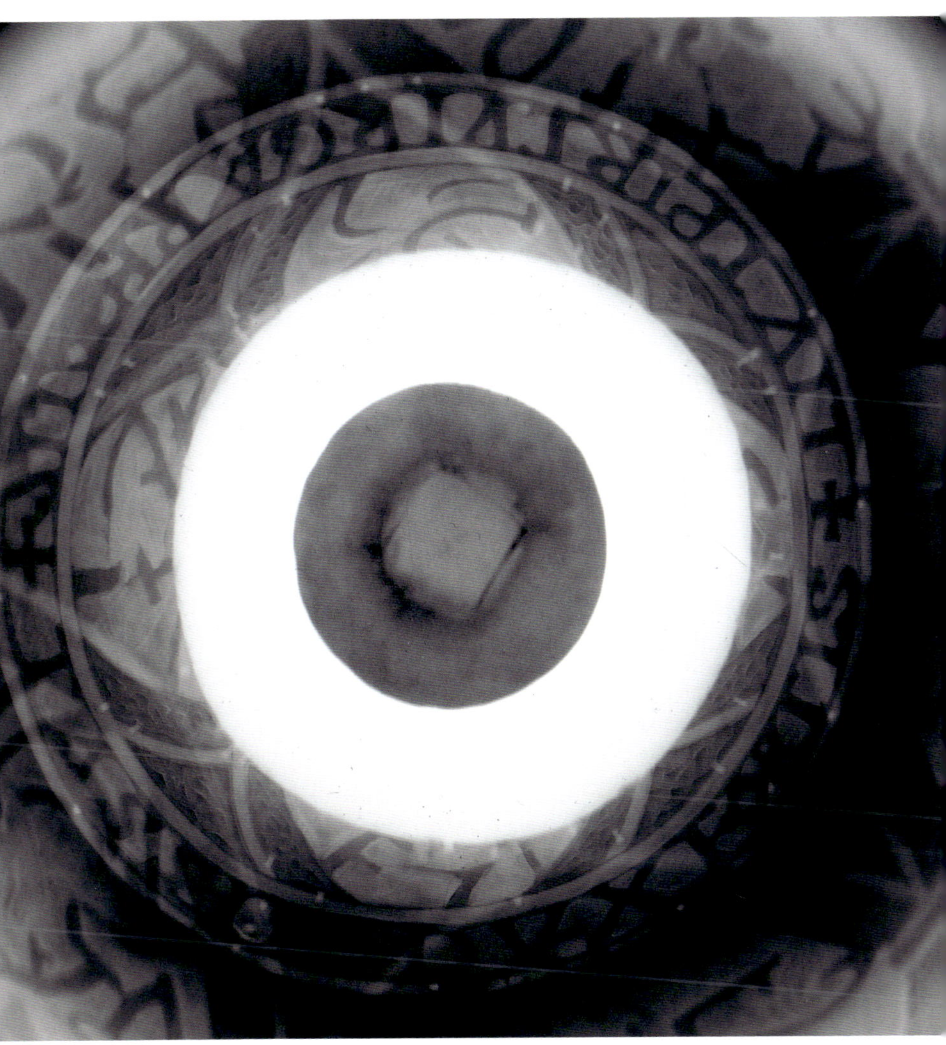

Abb. 17 Röntgenbild mit dem quadratischen Querschnitt des Nietzapfens. Die hellen Punkte zeigen die kleinen Silberniete, die erneuerte Silbereinlagen des Fußes in Position halten.

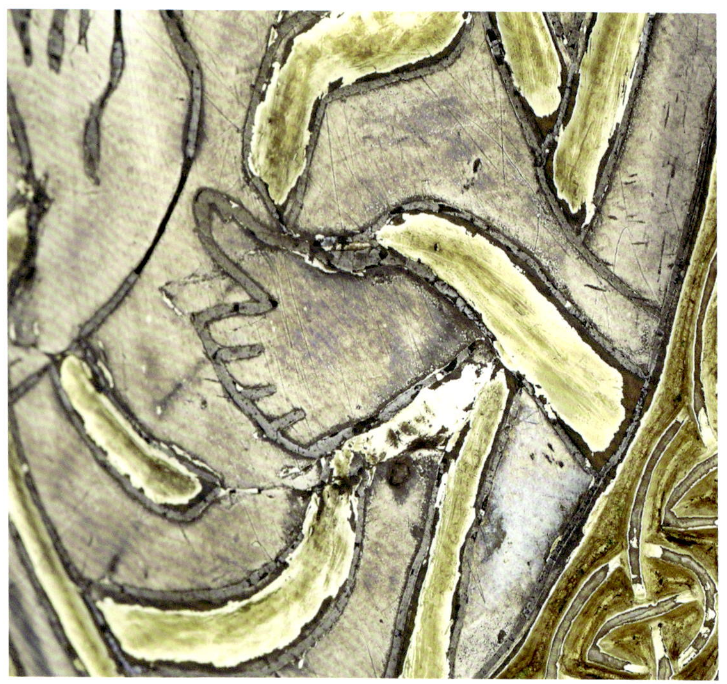

Abb. 18 Linke Hand Christi

1 Detailaufnahme des ursprünglich liegenden, nun aber abgespreizten Daumens und der Vergoldung auf dem Silber entlang der Handkante.

2 Vorschlag für eine mögliche ursprünglich beabsichtigte Codex-Darstellung.

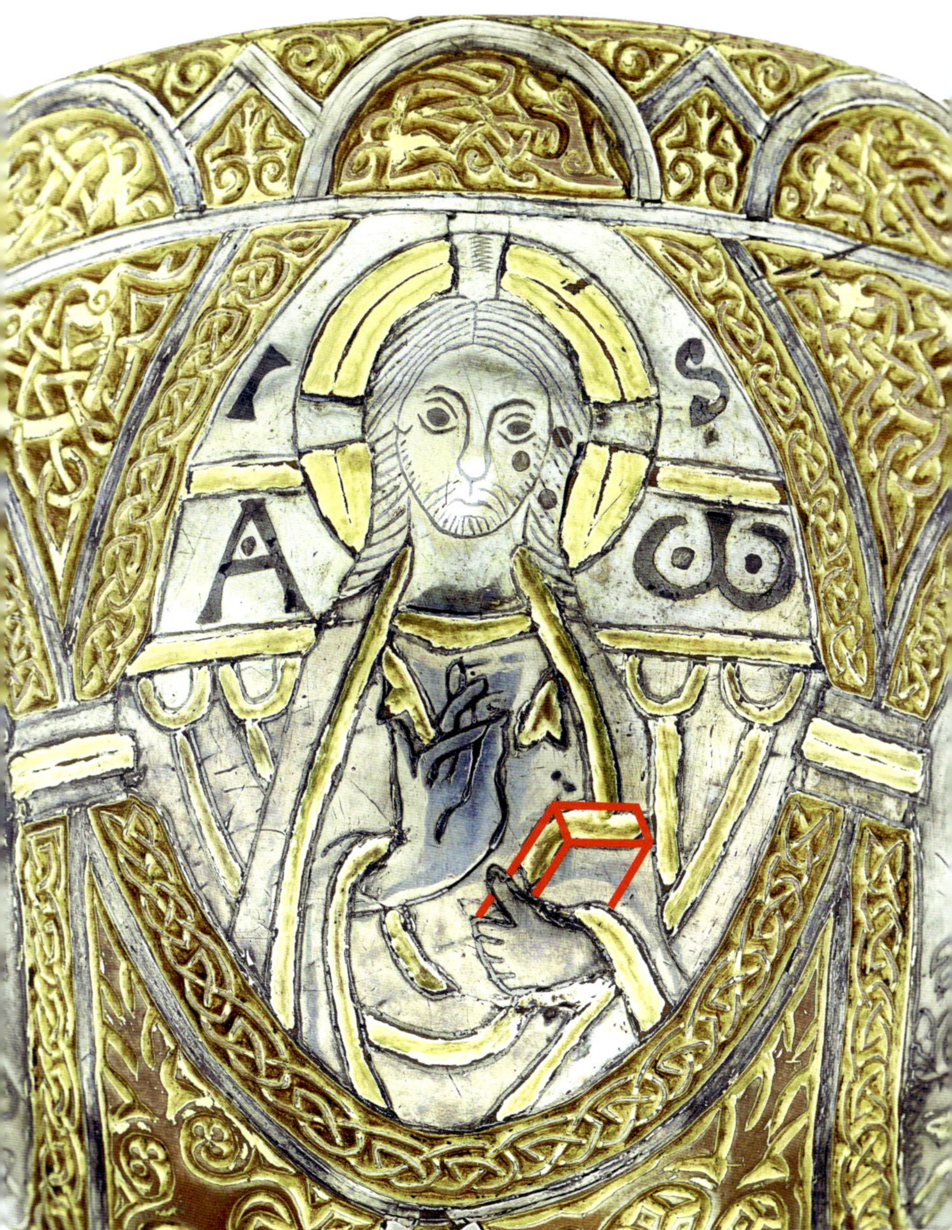
A
ω

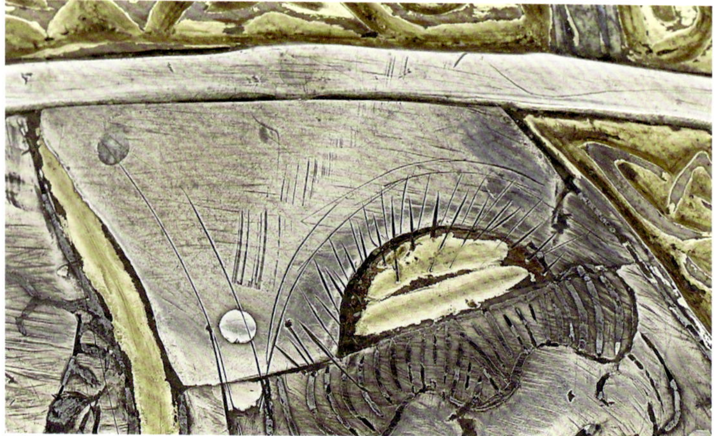

Abb. 19 Ersetzte Silbereinlage über dem Haupt des Evangelisten im Markusmedaillon. Sie ist, wie alle Erneuerungen, festgenietet. Die Rekonstruktion der Tonsur mit schlicht geritztem Haarkranz legt nahe, dass das ursprüngliche, womöglich stark beschädigte Plättchen zum Zeitpunkt des Ersatzes bekannt war.

Heute weist der Kelch eine leichte Asymmetrie durch eine geringe Achsverschiebung und variierende Cuppa- und Fußdurchmesser auf (Abb. 20–24). Das ist durch spätere Verformungen und Beschädigungen während der 1200-jährigen Nutzung erklärbar, eventuell durch einen Sturz. Mehrfach wird von vergoldeten Einsätzen für die Cuppa berichtet, die repariert oder neu angefertigt wurden – erstmals 1696, dann 1795 und später. Seit 1964 wird ein von Günther Simon aus Salzburg gefertigter Einsatz verwendet: jeweils bei der Liturgie am Stiftertag (11. Dezember) und am Gründonnerstag. Da die Cuppa innen nicht vollflächig vergoldet war, seit der Spätantike aber liturgische Gefäße zur Aufnahme von eucharistischem Brot und Wein wegen der kultischen Reinheit aus edlem Material (Gold, Silber, Elektron, Edelstein, Glas) bestehen mussten, wird auch der Tassilo-Liutpirc-Kelch schon von Anfang an einen Einsatz aus entsprechendem Material gehabt haben, der allerdings verloren ist. Vermutlich saß dieser originale Einsatz mit einer Randleiste wie am Fußabschluss auf dem oberen Rand auf.

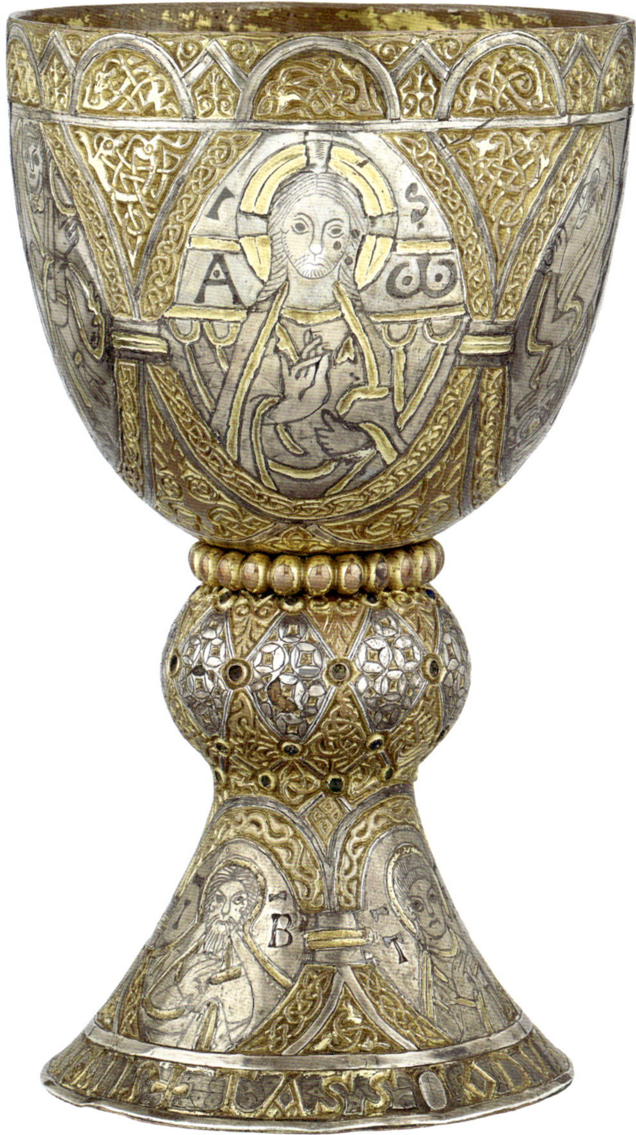

Abb. 20 Ansicht mit Christus-Medaillon auf der Cuppa. Unten auf dem Fuß links das Heiligen-Medaillon IB (= Johannes Baptista/der Täufer).

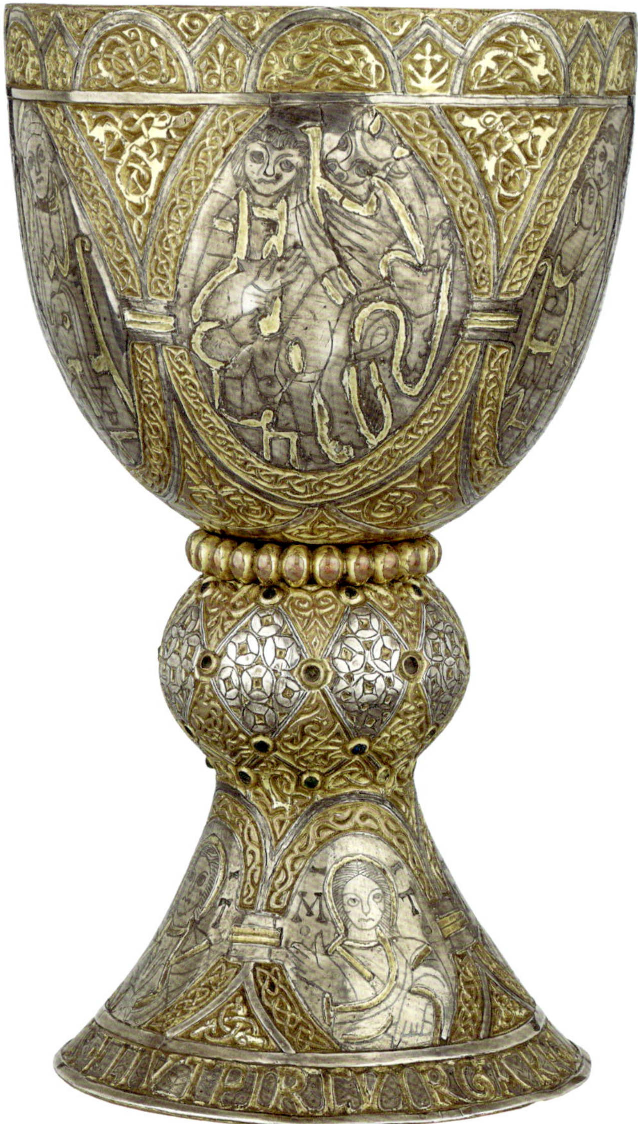

Abb. 21 Ansicht mit Lukas-Medaillon auf der Cuppa. Unten auf dem Fuß das Heiligen-Medaillon MT (Maria Theotokos = Maria Gottesgebärerin oder Meter Theu = Mutter Gottes?).

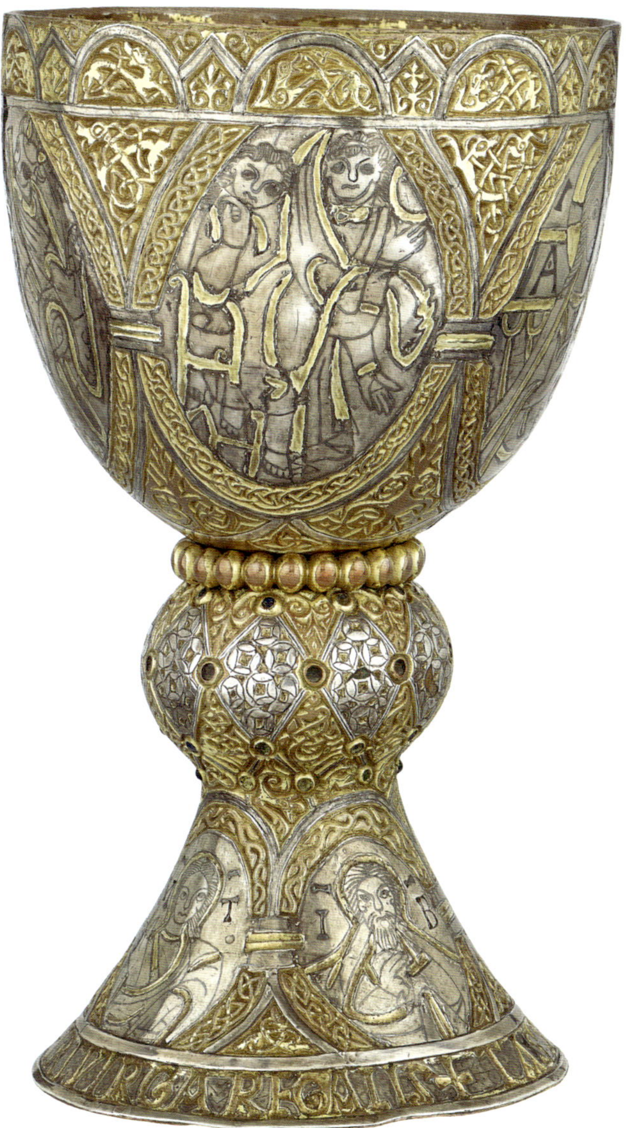

Abb. 22 Ansicht mit Matthäus-Medaillon auf der Cuppa. Unten auf dem Fuß die Heiligen-Medaillons MT und IB.

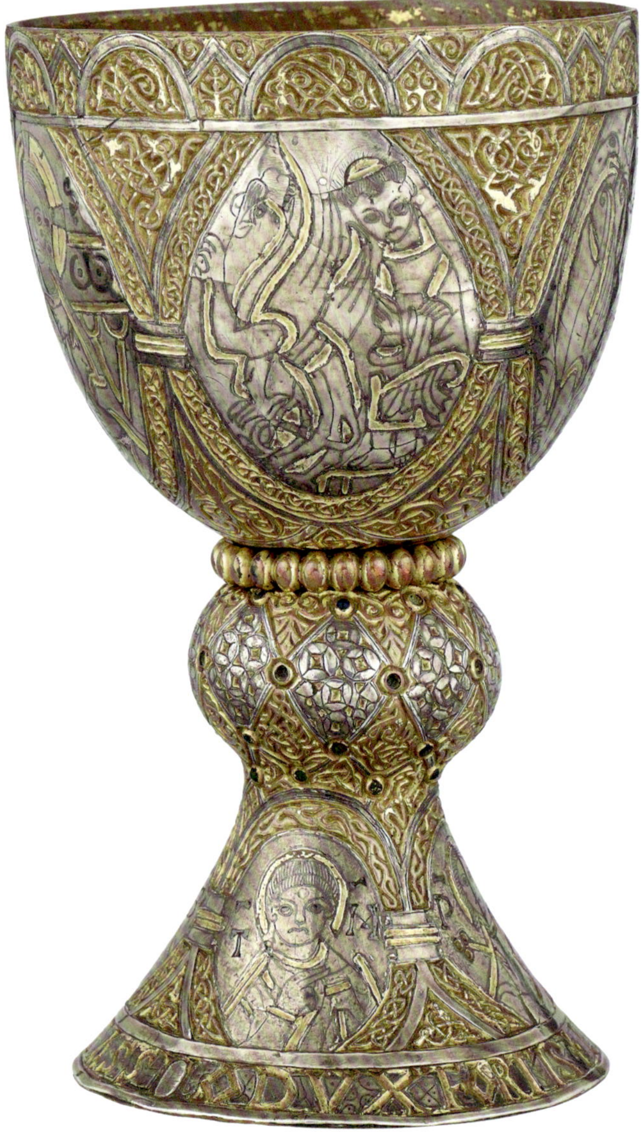

Abb. 23 Ansicht mit Markus-Medaillon auf der Cuppa. Unten auf dem Fuß das Heiligen-Medaillon TM (Deutung unsicher).

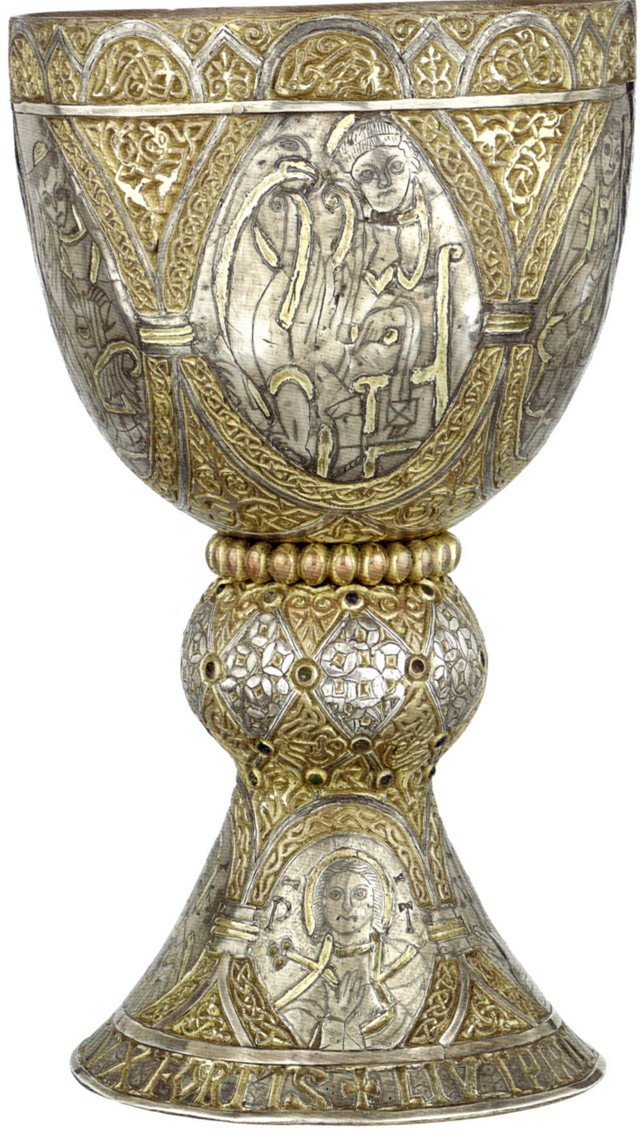

Abb. 24 Ansicht mit Johannes-Medaillon auf der Cuppa. Unten auf dem Fuß Heiligen-Medaillon PT (Deutung unsicher).

AUFTRAGGEBER UND HANDWERKER

Wer hat den so geistvoll komponierten und kunstvoll gearbeiteten Kelch geschaffen? Als Auftragsarbeit des fürstlichen Herrscherpaares Tassilo und Liutpirc wird er in einem Goldschmiedeatelier am Hof des Herzogs gefertigt worden sein – wegen der künstlerischen Nähe zum insular geprägten kulturellen Zentrum in oder nahe der Residenz oder dem St. Peter-Kloster in Salzburg, wo der Ire Virgil von 746 bis 784 als Abt und Bischof wirkte und Tassilos enger Berater war (siehe Kasten ›Virgil‹). Denkbar wäre auch eine Goldschmiedewerkstatt, die an einem Kloster wie dem von Mondsee mit dem berühmten Skriptorium angesiedelt war. Das komplexe, raffiniert-durchkomponierte Bildprogramm (dazu S. 68–79; 80–91) entwarf ein Geistlicher, der mit der Theologie, Bildsprache und Ornamentik sowie den künstlerischen Traditionen nördlich und südlich der Alpen vertraut war. Er musste den inhaltlichen Auftrag umsetzen und einen zweidimensionalen Entwurf aufs Pergament bringen.

NIELLO

Niello (aus: mittellat. *nigellum*) ist eine schwärzliche Metall-Schwefel-Verbindung, mit der man kontrastreiche, überwiegend feinlinige Muster in zumeist glatten Silberflächen erzielen kann. Die schon seit der mediterranen Bronzezeit bekannte Verzierungstechnik fand nach der Römerzeit vor allem im frühen und hohen Mittelalter reiche Anwendung. Beim Tassilo-Liutpirc-Kelch ist ein für die Zeit charakteristisches Silber-Kupfer-Schwefel-Niello verwendet worden mit Anteilen von circa 68% Silber, 20% Kupfer und 12% Schwefel.

Zur Herstellung der Niellomasse wird zunächst in aufwändigem Verfahren eine Metall-Schwefel-Paste gefertigt. Dann schneidet oder graviert der Goldschmied das gewünschte Muster – beim Kelch geometrische und figürliche Linien, Punkte sowie breitere Buchstaben – in die meist silberne Zierfläche. Diese füllt er mit der Masse und schmelzt sie ein. Abschließend wird die gesamte Oberfläche geglättet und poliert, wodurch eine elegante, zugleich detailreiche schwarzsilbrige Metallzeichnung ähnlich einer Tintenzeichnung auf Pergament entsteht.

FEUERVERGOLDUNG

Die seit der Antike praktizierte Feuervergoldung ist die im frühen und hohen Mittelalter häufigste Technik, um Gegenstände aus Silber oder Buntmetall zu vergolden und so mit geringem Materialaufwand eine eindrucksvolle optische Aufwertung zu erzielen.

Bei diesem Verfahren wird Quecksilber mit Gold zu einem homogenen, weichen Gemenge vermischt. Dieses Amalgam trägt der Goldschmied mit Bürsten oder Fellen (Hasenpfote) auf die zu vergoldenden, zuvor gereinigten Flächen und Körper auf, die anschließend am Feuer erhitzt werden, aber in einer Temperatur, die den Grundmetallen nicht schadet. Dadurch verdampft der größte Teil des Quecksilbers, während das sich fest mit dem Grundmetall verbindende Gold auf der Oberfläche zurückbleibt. Anschließend wird die zunächst rauhe Oberfläche zu hochglänzendem Gold poliert. Für die Feuervergoldung konnten auch unreine Goldreste verwendet werden. Bei alten Objekten kann die harte Vergoldungsschicht an vielgenutzten Bereichen abgerieben sein – wie etwa beim Nodus, an dem der Tassilo-Liutpirc-Kelch häufig gehalten wurde. Wegen der starken Quecksilberemission war dieses Verfahren für die Goldschmiede äußerst gesundheitsgefährdend.

Auffallend ist indes der künstlerische Qualitätsunterschied zwischen dem hochwertig-routinierten Kerbschnittdekor mit den insularen Ornamenten und der zum Teil unbeholfenen und fehlerhaften Niellozeichnung in den Silberflächen, die unsicher und unharmonisch wirken: Hier werden verschiedene Handwerker tätig gewesen sein. Auch die missglückte Geometrie des Matthäus-Medaillons (Abb. 22) und die Handstellung des Christus-Bildes (Abb. 18) zeugen von mangelhafter Umsetzung des Entwurfs auf den dreidimensionalen Körper der Cuppa. Doch angesichts der über 1200-jährigen Nutzungszeit befindet sich der Kelch, von den Reparaturen, Verdrückungen, Einlagenverlusten und kleineren Beschädigungen abgesehen, heute im originalen und herausragend gut erhaltenen Zustand.

Zwischen Italien und Irland
Kunst und Ornamentik des Kelches

Wenn man dem Tassilo-Liutpirc-Kelch das erste Mal im Kloster Kremsmünster, wenn auch durch das Vitrinenglas getrennt, »Auge in Auge« gegenübersteht, ist man von seiner Größe und mächtigen Präsenz überwältigt und von der Vielfalt und Farbigkeit seines reichen Dekors und Bildschmucks gefesselt. Christus und die vier Evangelisten auf der Cuppa und die vier Heiligen auf dem Fuß blicken den Betrachter unbewegt in zeitloser Ruhe an, wie man es von frühchristlichen Apsis-Bildern oder von byzantinisch-orthodoxen Ikonen, aber auch von anderen menschlichen Darstellungen des frühen Mittelalters kennt. Rätselhaft erscheint das aus geometrischen Figuren gebildete und von Silberleisten gerahmte Gitterwerk, das die gesamte Oberfläche umspannt, und fasziniert folgt man den verflochtenen Tierleibern und Gliedmaßen, den stilisierten Pflanzen, Flechtbändern und Ranken. Gediegen-goldene, durch Kerbschnitt kraftvoll-lebendige Felder kontrastieren mit Silberflächen, die von hellen Goldmulden und Niellolinien akzentuiert und 36 blauen und grünen Glassteinen auf dem Nodus unterstützt werden. Vor 1200 Jahren, ohne die Nutzungsspuren, Fehlstellen und Patina, wird die Wirkung noch ungleich stärker gewesen sein. Und dennoch – nicht nur beim ersten Anschauen wirkt dieser Gral zugleich vertraut wie auch exotisch-fremd.

DIE KÜNSTLERISCHEN TRADITIONEN DES KELCHES

Einerseits steht der Tassilo-Liutpirc-Kelch in Gestalt und Morphologie in mediterraner, und nicht in insularer Tradition, wenn man ihn etwa mit den Spendekelchen von Lamon (6. Jahrhundert) in den südlichen Dolomiten und von Ardagh und Derrynaflan (um 800) in Irland vergleicht (Abb. 25,1-2). Aber motivisch, stilistisch und ornamental vereinigt er unterschiedliche künstlerische Traditionen, aus denen er eine völlig neuartige Kunst schafft: zum einen die spätantik-byzantinisch geprägte Kunst des langobardischen Italien und zum anderen die insulare Zierkunst des 7./8. Jahrhunderts in England und Irland. Seit langem sieht die Kunstgeschichte den Figurenstil der Medaillons in italischer, insbesondere byzantinisch-ravennatischer Tradition. Die figürlichen Darstellungen haben enge Entsprechungen in der Buchmalerei des Salzburger Umkreises – vor allem in den Portraits von Christus und David im Psalter von Montpellier (sog. Mondsee- oder Tassilo-Psalter; Abb. 26), der um 770/785 im berühmten Skriptorium von Kloster Mondsee als privates Andachtsbuch für Tassilo oder Liutpirc geschaffen wurde. Trotz kleinerer Unterschiede in

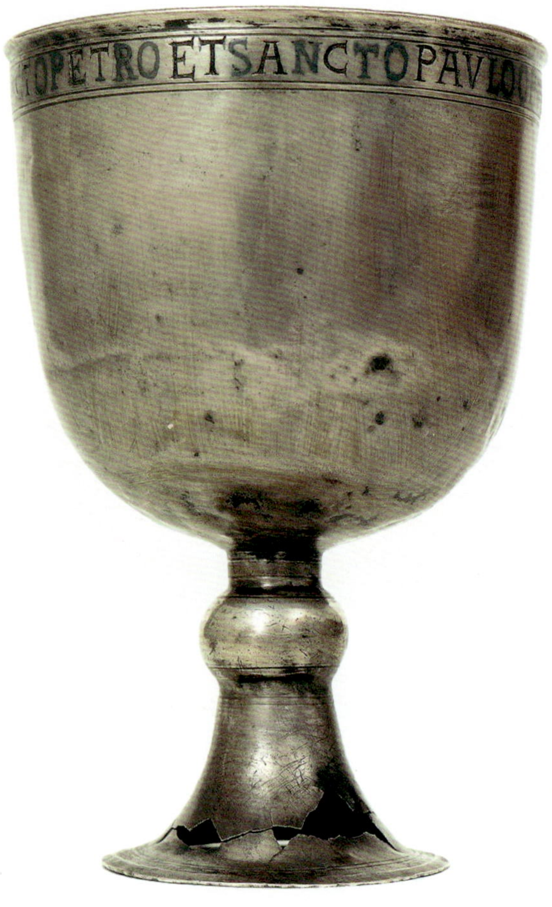

Abb. 25

Frühmittelalterliche Spendekelche mediterraner und insularer Tradition.

1 Sog. Ursus-Kelch von Lamon (Venetien, Italien), 6. Jh. (Höhe 19,5 cm).

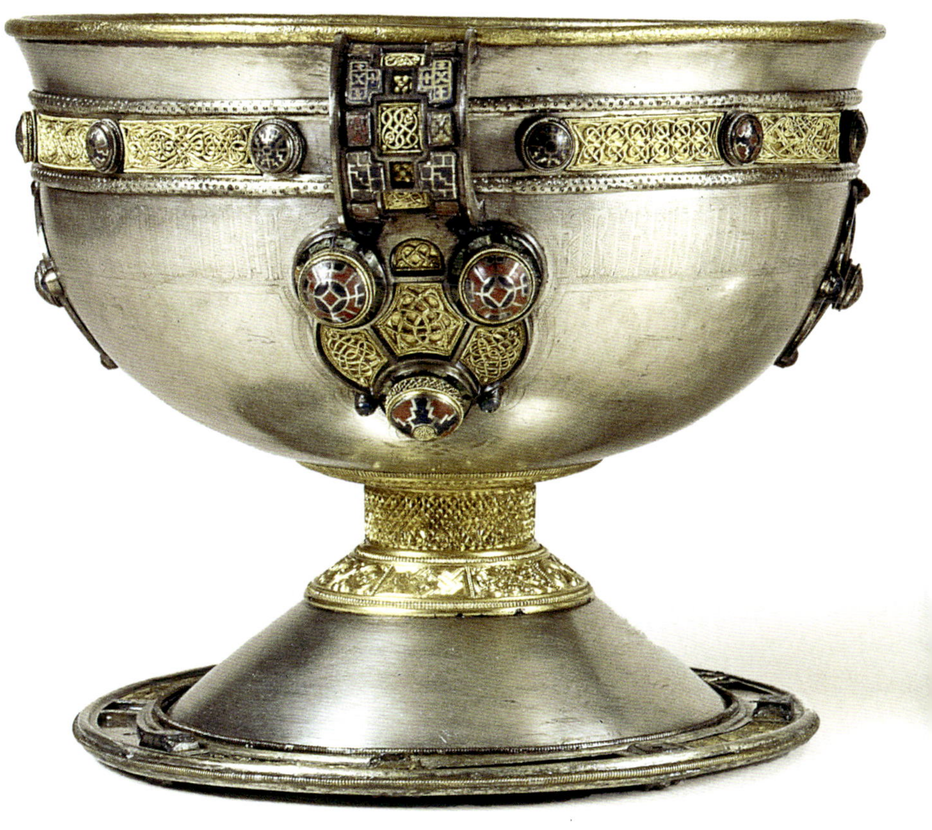

Abb. 25

2 Kelch von Ardagh (Co. Limerick, Irland), 8. Jh. (Höhe 17,8 cm).
Der italische Kelch von Lamon hat die gleiche Grundmorphologie mit Knauf und einziehendem Fuß wie der Tassilo-Liutpirc-Kelch. Für die insularen Kelche (zum Teil mit Henkeln) sind gewölbte Füße charakteristisch.

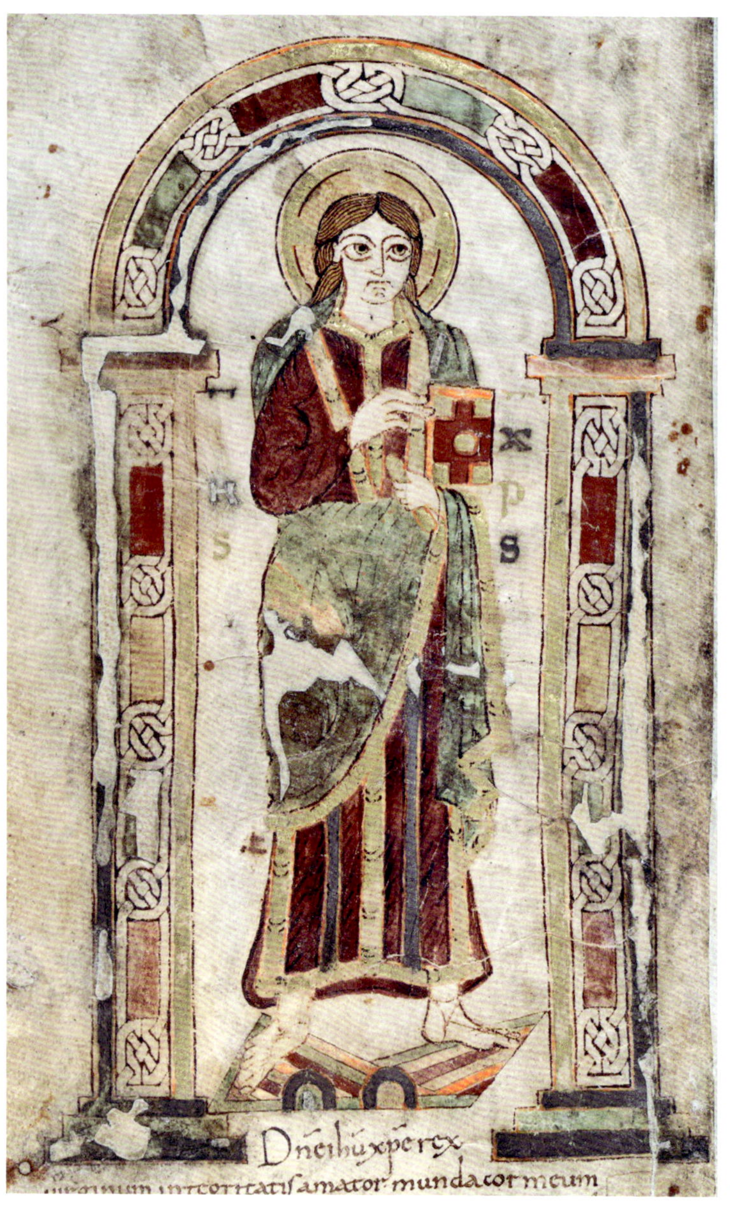

1

Abb. 26

Psalter von Montpellier, Andachtsbuch von Tassilo oder Liutpirc, 770/785 im Kloster Mondsee geschaffen. 1 Christus und 2 David in flechtbandgeschmückter Arkadenarchitektur, stehend auf Sockel. Arkadenränder, Gewandsäume, Kreuznimbus, Codex, Schriftrolle, Harfe und einige Buchstaben in Goldmalung.

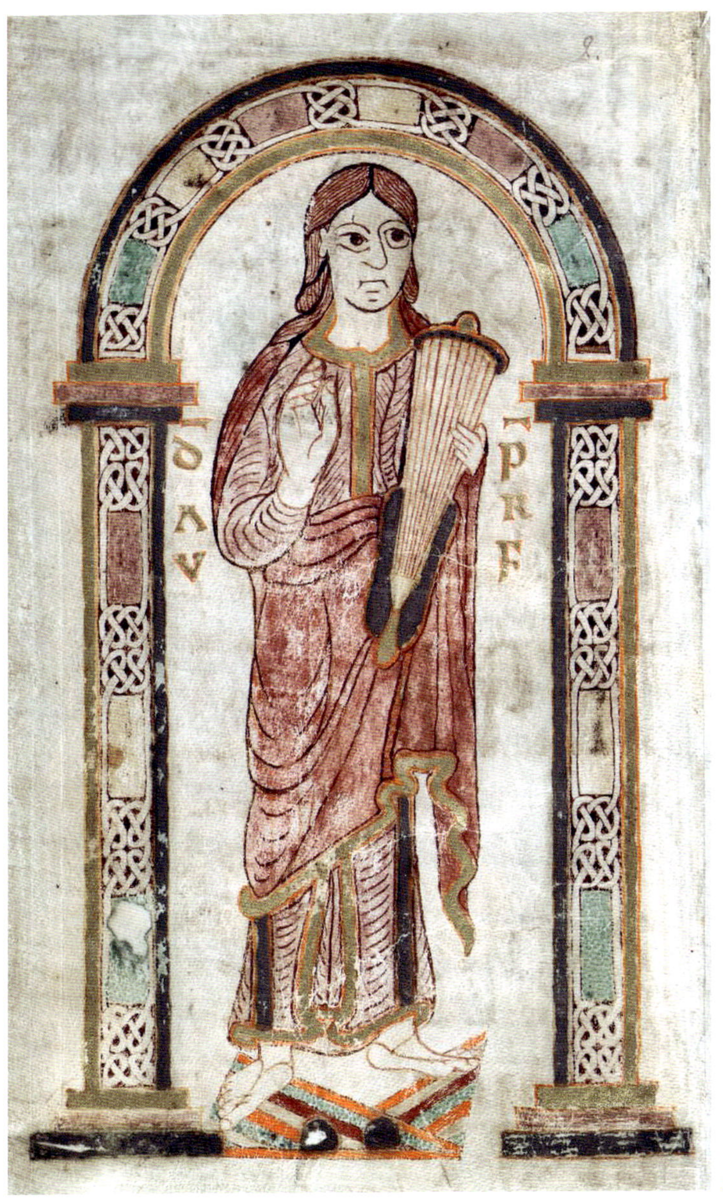

2

1 Fol. 2v: Christus mit Codex und Schriftrolle in den Händen, begleitet von den griechisch-lateinischen Buchstaben IHS (Iesous) und XPS (Christos), jeweils mit Oberstrich.

2 Fol. 1v: der Prophet David mit Harfe, begleitet von den lateinischen Buchstaben DAV (David) und PRF (Propheta), jeweils mit Oberstrich.
Montpellier, BiU, Ms. H409.

DIE INSULAREN MISSIONEN AUF DEM KONTINENT

Im 5. und 6. Jahrhundert hatte sich in **Irland** ein eigenständiges, von Rom abweichendes Christentum auf der Basis eines städtischen Klosterwesens etabliert, bei dem das spirituell-asketische Mönchtum des Orients leidenschaftliche Aufnahme fand. Intensiv widmeten sich die Geistlichen den antiken Sprachen, ihrer Literatur und Kunst und erlangten bald großen Ruhm als Gelehrte und Künstler. Dem Ideal der irdischen Heimatlosigkeit, der *peregrinatio*, folgend, setzten von Irland aus mehrere Bewegungen zu Klostergründung und Mission in der Fremde ein.

Noch vor der Mission im angelsächsischen Northumbrien begab sich 591 Columban d. J. (543–615) ins gallische Merowingerreich und initiierte das vom merowingischen Königtum geförderte »irofränkische Klosterwesen«. Ihm folgten bis ins 9. Jahrhundert zahlreiche Irengruppen. In den nächsten 140 Jahren wurden 330 Klöster gegründet, vorwiegend westlich des Rheins, vereinzelt auch in der Schweiz und im langobardischem Italien. Sie wurden nach der benediktinisch-columbianischen »Mischregel« geführt und wirkten in großer Eigenständigkeit bei starker Stellung der Äbte. Geradezu begeistert unterstützte der gallo-fränkische Adel finanziell und personell die neue, streng asketische Bewegung. Die Klöster beförderten Schriftkultur und Literatur und missionierten bei angrenzenden Germanen.

den Christusdarstellungen des Kelches und des Psalters (Kelch: bärtiger Christus, Sprechgestus der rechten Hand; Psalter: Christus bartlos, Schläfenlocken geflochten, die Rechte führt den Codex, die Linke hält eine Schrift-/Buchrolle) sind die Übereinstimmungen gravierend: Frisur und Gesichtstyp, Kreuznimbus mit breiten goldenen Doppelrahmen sowie goldene Gewandsäume (beim Psalter sind nur noch Reste der Goldmalerei erkennbar), Buchstaben mit Überstrich als Namenskürzel und Flechtbandrahmungen. Psalter und Kelch müssen aus einer Kunstschule stammen und auf gemeinsame Vorlagen zurückgehen. Und die Evangelisten in den Cuppa-Medaillons des Kelches weisen besonders

Angelsächsische Mönche der strikt römisch orientierten Kirche Englands kamen ab Ende des 7. Jahrhunderts auf den Kontinent, um ihre germanischen »Stammesbrüder« zu missionieren. Auch in England waren bedeutende Klöster (z. B. Whitby, Wearmouth/Jarrow) und gelehrte Mönche (z. B. Benedikt Biscop, 628–690, Beda Venerabilis, 672–735) sowie die enge Verbindung mit Adel und Königtum charakteristisch.

Die angelsächsische Mission wandte sich vornehmlich den ostfränkischen Gebieten zu: Willibrord aus Northumbrien (um 658–739) missionierte bei den Friesen und in Mainfranken, gründete Kloster Echternach. Wynfreth-Bonifatius aus Südengland (um 672–754) missionierte in Friesland, Hessen, Thüringen und Baiern und gründete in Hessen-Thüringen und den Mainlanden zahlreiche Klöster. Das 744 in seinem Auftrag von Sturmius errichtete und dem Salvator geweihte Kloster Fulda wurde zu einem der wirkmächtigsten Klöster des Mittelalters. Hier wurde Bonifatius 754 beigesetzt. Durch den Aufbau von Kirchenorganisationen mit Einrichtung von Bistümern in Hessen-Thüringen-Mainfranken und vor allem in Baiern, durch die strikte Anbindung an Rom sowie als Metropolit »Germaniens« erlangte Bonifatius dauerhafte kirchenpolitische Wirkung. An der jahrzehntelangen Missionsarbeit sowohl von Willibrord wie von Bonifatius waren zahlreiche Mönche aus angelsächsischen Klöstern beteiligt. Ihr Einfluss auf Schriftkultur, Buch- und Zierkunst war bedeutend.

enge stilistische, motivische und szenische Übereinstimmungen mit den ganzseitigen Evangelistenbildern zweier Codices des gleichen Zeit- und Kunsthorizonts auf: des um 770/785 in Salzburg gefertigten Cutbercht-Evangeliars sowie des heute im Stift Kremsmünster aufbewahrten Codex Millenarius Maior, der um 800 im Kloster Mondsee geschaffen wurde (Abb. 33,1-4). Für den Kelch wie für diese beiden Codices müssen gemeinsame Pergament-Vorlagen ravennatischer Tradition genutzt worden sein, die heute verloren sind. Das kann nur in einer gemeinsamen Schule und in einem sehr begrenzten Zeitraum geschehen sein.

DAS INSULARE ERBE

Einen ganz anderen künstlerisch-kulturellen Hintergrund haben die in Kerbschnitt-Technik ausgeführten Tier- und Pflanzenmotive des Tassilo-Liutpirc-Kelches, die in separierte Felder eingepasst sind (siehe Abb. 32 und Abb. hintere Klappe). Sie gehen motivisch und stilistisch auf die *»inhabited vine-scroll«* zurück, die von Tieren »bewohnte Weinranke«, die in der insularen, das heißt »hiberno-sächsischen« (irisch-angelsächsischen) Kunst des vorwiegend späten 7. bis Mitte 9. Jahrhunderts überaus frequent und beliebt war. Hier fand dieses letztlich uralte mediterrane Bildmotiv des paradiesischen Lebensbaums (z. B. auf der Kathedra des Erzbischofs Maximian von Ravenna, erste Hälfte 6. Jahrhundert) in liturgischen Handschriften, auf monumentalen Steinkreuzen und auf sakralen Metall- und Elfenbeinarbeiten Anwendung. Es gehört zum künstlerischen Niederschlag der römisch-mediterranen Mission in England, an deren Spitze der aus Kleinasien stammenden Erzbischof Theodor von Canterbury (669–690) stand. Sie erreichte auch Northumbrien, das nordangelsächsische Königreich, das bereits seit 630 mitsamt seiner Oberschicht von irischen Mönchen des berühmten Hebriden-Klosters Iona im besonderen Modus der irischen Kirche missioniert und kulturell geprägt worden war.

In diesem irisch-schottisch-angelsächsischen Raum schmolzen mediterrane Weinranken-Motive mit alt-angelsächsischem Tierstil und mit iro-keltischen Spiral-und-Trompetenmustern zu einer neuen, höchst lebendigen und exotisch wirkenden »hiberno-sächsischen« Kunst zusammen. Als ihre Höhepunkte gelten vor allem die Prachthandschriften mit kunstvoll-raffinierten Initialen und ganzseitigen, von Spielfreude überquellenden »carpet pages«, wie etwa das Book of Lindisfarne (um 700) oder das Book of Kells (um 800), aber auch eine perfekte Goldschmiedekunst der sakralen (z. B. Schatzfunde von Ardagh oder Derrynaflan) und höfischen (z. B. Tara-Fibel) Welt. Und es waren irische und angelsächsische Geistliche, Künstler und Gelehrte, die im 7. und 8. Jahrhundert als Mönche und Missionare auf den immer noch heidnisch geprägten Kontinent zogen und dorthin ihre ebenso fremdartige wie faszinierende christliche Kunst mitbrachten und weiterentwickelten. Davon haben sich einige Reliquiare und Bucheinbände sowie liturgische Gewänder erhalten (siehe Kasten ›Die insularen Missionen auf dem Kontinent‹).

Einen insularen Hintergrund hat aber auch die den Fuß des Tassilo-Liutpirc-Kelches umlaufende Stifterinschrift (Abb. 2,1–2; 5). Diese erweist sich in einigen Buchstabenformen (z. B. A, O, C, M und S), vor allem aber in der Auszeichnung der Buchstabenzwischenräume als ein Werk in der Tradition insularer (irisch-nordenglischer) Schreibschulen.

Als vierte Motivgruppe spielen, sowohl auf dem Tassilo-Liutpirc-Kelch wie in der insularen Buchmalerei und den Metallarbeiten, komplex gearbeitete Flechtbänder eine zentrale Rolle. Diese Ornamentik entstammt der spätantiken mediterranen Kunst und fand seit dem späten 6. Jahrhundert weite Aufnahme in der Zierkunst germanischer Völker, zuerst bei den ab 568 nach Italien eingewanderten und bald romanisierten Langobarden sowie bei Alamannen, Franken, Angelsachsen und Skandinaviern. In der germanischen Kunst gingen sie als Flechtbandtiere eine symbiotische Verbindung mit den altgermanischen Tierfiguren ein. In der oberitalisch-langobardischen Kunst des 8. und 9. Jahrhunderts ist die kunstvolle Flechtbandornamentik in vielen Materialien, vor allem der Steinskulptur, überaus präsent, und es ist schwer zu beurteilen, wie innerhalb dieser italisch-insularen »Flechtband-Koiné« des 8. und 9. Jahrhunderts die wechselseitigen Beeinflussungen liefen.

Die in Kerbschnitt-Technik ausgeführte Tier-Pflanzen-Ornamentik auf dem Tassilo-Liutpirc-Kelch (Abb. 32) stellt einen Zweig der insularen Kunst dar, die von Mönchen, Illustratoren und Goldschmieden Northumbriens und Irlands im Zuge der Missionsbewegungen auf den Kontinent gebracht und hier weiterentwickelt worden war. Der Kelch und die anderen Werke der »insularen Kunstprovinz im Salzburger Raum« sind in der Forschung einhellig mit dem Wirken des Iren Virgil und seines gelehrten irisch-angelsächsischen Umkreises in Verbindung gebracht worden (siehe Kasten ›Virgil‹). Hier war der Raum, wo so unterschiedliche künstlerische und handwerkliche Traditionen von Italien bis Irland zu einem neuen Amalgam zusammengefügt werden konnten.

DIE TASSILONISCHE SCHATZKUNST

Neben dem Tassilo-Liutpirc-Kelch gibt es eine ganze Anzahl hochrangiger Werke der sakralen Goldschmiedekunst dieses Kunstkreises, die die 1200 Jahre bis heute überlebt haben. Eine der frühesten, weil weitgehend angelsächsisch geprägten Arbeiten ist das monumentale »Rupertuskreuz« von Bischofshofen, das heute im Dommuseum Salzburg verwahrt wird und wohl anlässlich von Tassilos Sieg über die Karantanen 772 geschaffen worden war. Ihm lassen sich

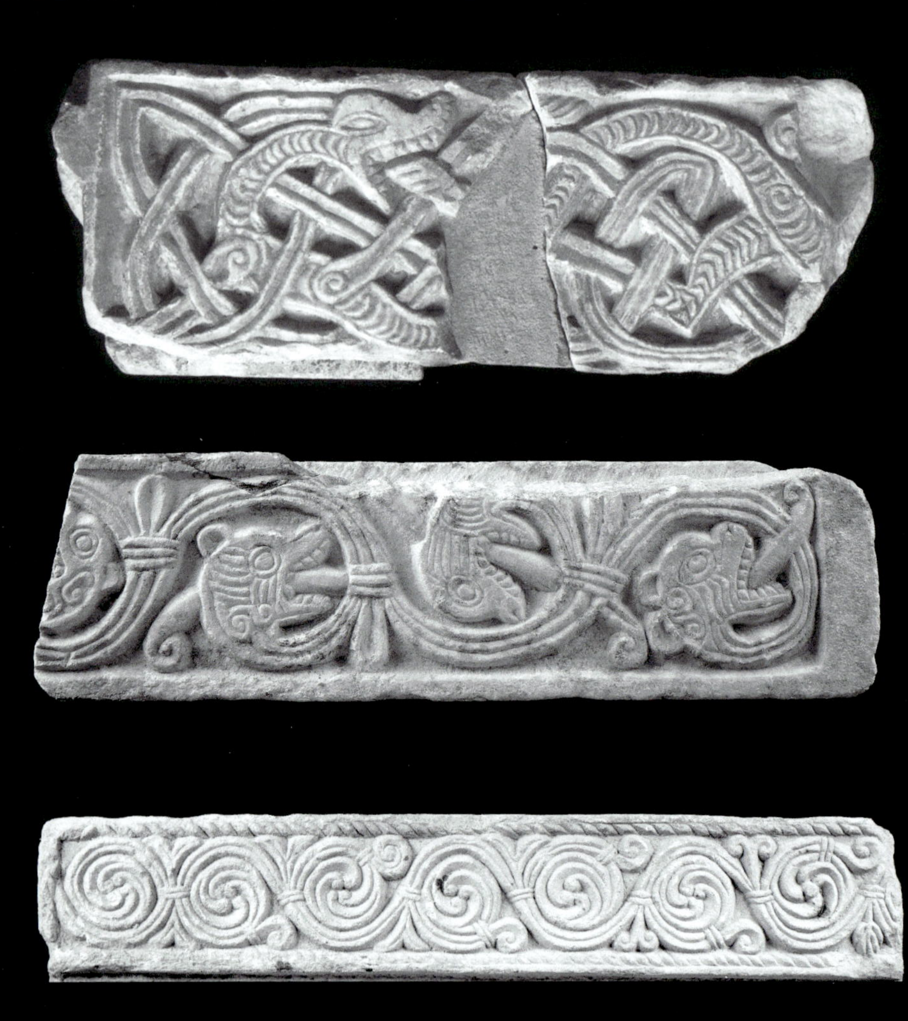

Abb. 27 Marmorpfosten der Schrankenanlage der Kirche St. Johann, Müstair (Vinschgau, Schweiz), um 775. Die Flechtbandtiere mit gerippten Leibern (oben), Wellenranken mit züngelnden Löwenköpfen (Mitte) und mit Wirbeln (unten) finden sich übereinstimmend sowohl in der tassilonischen wie in der northumbrischen Metallkunst des späten 8. Jahrhunderts.

einige wenige Metall- und Elfenbeinarbeiten mit kontinentalen Provenienzen an die Seite stellen, die mit vergleichbaren Tier-Weinranken nordenglischen Typs verziert sind und die dem mit Tassilo verbundenen »Salzburger Kunstkreis« zugeschrieben werden. Zu den Produkten aus Tassilos Werkstätten kann man unter anderem folgende, weit in Europa verstreute Liturgica rechnen: den Älteren Lindauer Buchdeckel, das Bursenreliquiar von Enger, das Churer Reliquienkästchen, die Hostienpyxiden von Fejø (Kasten ›Silberpyxis von Fejø‹) und Pettstadt, den Reisekelch des Cundpald von Petőháza (Ödenburg, Westungarn) (Abb. 29), ein in Bosnien gefundenes Kleriker-Cingulum oder den Tragaltar von Adelhausen. Aber auch profane Objekte wie ein Schwertgehänge von Marquartstein, gut 10 km südlich des Chiemsees, wurden von seinen Feinschmieden gearbeitet.

Charakteristisch für diese Goldschmiedekunst sind die Vielfalt der angewendeten Techniken und der vielfarbige, bunte Gesamteindruck der Arbeiten. Als Grundmaterial kommen Kupfer, Bronze oder Silber, die feuervergoldet werden, zum Einsatz. Reines Gold hingegen begegnet nur ausnahmsweise. Eine besondere ikonografische Rolle spielen glatte Silberflächen; Nielloinkrustationen akzentuieren Muster und Motive. Die Emailverzierung in Form von Zellen-, Gruben- und Senkschmelz mit transluziden, selten opaken Farben und oft in figürlichen Mustern wird aus Oberitalien übernommen und ist seit dem späten 8. Jahrhundert im gesamten nordalpinen Raum weit verbreitet. Daneben sind Einlagen von Edelsteinen oder Glas sehr beliebt, die solitär, gereiht oder kumuliert gesetzt werden.

Bislang singulär ist die Anwendung von Motiven des Tassilo-Liutpirc-Kelches in der Steinmetzkunst, und zwar auf der marmornen Schrankenanlage der Klosterkirche St. Johann in Müstair im Vinschgau, die um 775 errichtet wurde. Neben Flechtbändern sind insbesondere Tiergeschlinge sowie Wirbel- und Löwenkopf-Ranken dem insularen und Salzburger Motivspektrum zuzuweisen (Abb. 27). Daraus lässt sich auf eine Beteiligung der tassilonischen Hofschule an der Ausstattung dieser im Süden von Tassilos Machtbereichs strategisch gelegenen Klosterpfalz schließen.

Eine große Zahl von profanen Metallarbeiten (Reit- und Waffenzubehör, Schmuck), deren Verzierung sich stärker auf Tiermotive konzentriert, kam als Bodenfunde aus weiten Teilen der Main- und Rheinlande, Westfalens sowie des niederländisch-nordfranzösischen Raumes zu Tage. Deren Beziehung zur tassilonischen Schatzkunst ist noch nicht abschließend zu beurteilen.

Tassilos *Thesaurus* und Hofwerkstätten

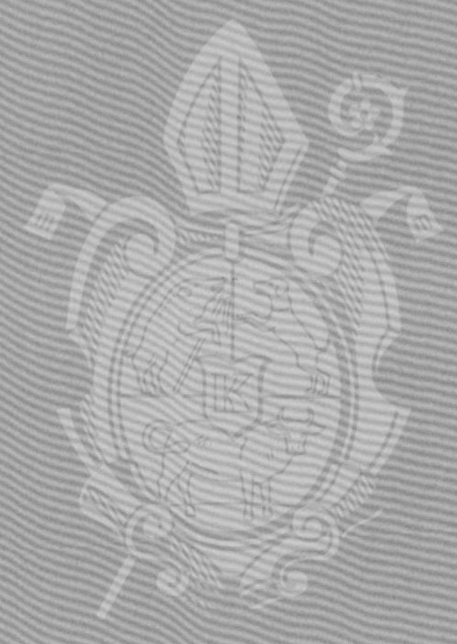

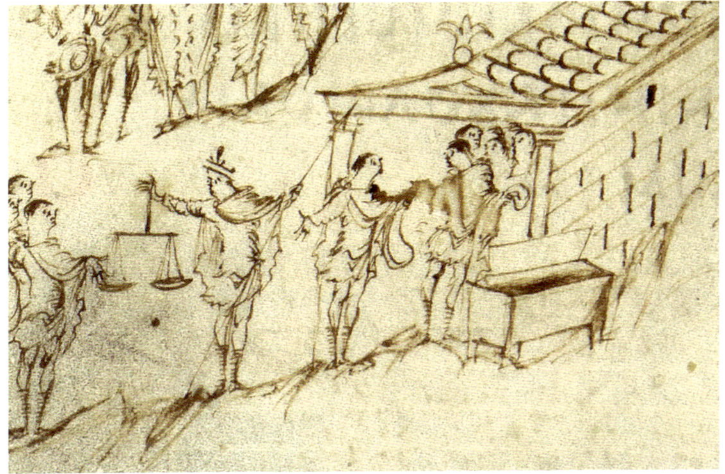

Abb. 28 Der König überwacht das Wägen des Schatzes und seine Deponierung in einer Kiste, die vor dem Eingang zum Schatzhaus steht. Illustration zu Psalm 48 im Utrechter Psalter, Reims, um 830, fol. 28r (Universiteitsbibliotheek Utrecht).

auf eine eigenständige, programmatisch arbeitende fürstliche Hofschule schließen, die neben der Schatzkunst auch Handschriften, Bauskulptur und vermutlich auch Wandmalerei umfasste. Der im Kloster Mondsee für seine oder Liutpircs persönliche Andacht gefertigte Psalter – mit der für Könige reservierten Goldfarbe illuminiert (Abb. 26) – und der vom Fürstenpaar in insularer Auszeichnungsschrift (Abb. 2) signierte liturgische Kelch offenbaren eine solche Einrichtung in aller Prägnanz. Auch für die Schrankenplatten der Klosterkirche St. Johann in Müstair (Abb. 27), ein Jahr nach der Weihe des Salzburger Domes errichtet, möchte man eine entsprechende herrschaftliche Signatur annehmen, die ihr wahrscheinlicher Bauherr Tassilo setzen wollte. Die insulare Komponente dieser neuen Hofkunst, stilrein am »Siegeskreuz« von Bischofshofen – wohl für den Karantanensieger von 772 – praktiziert, könnte der Auftakt einer vom irischen Bischof Virgil (siehe Kasten ›Virgil‹) und seinem geistlichen Gelehrtenkreis initiierten Hofschule gewesen sein. Aus Liutpircs künstlerischer Heimat kam der zweite wichtige, diesmal mediterran-langobardische Part hinzu. Dagegen bleiben die an den Goldschmiedearbeiten erkennbaren merowingischen Handwerkstraditionen blass.

VIRGIL, ABT UND BISCHOF VON SALZBURG (746–784)

Der aus der Familie eines irischen Kleinkönigs stammende Geistliche war vermutlich zum Priester im Hebriden-Kloster Iona ausgebildet worden, das Ausgangspunkt der irischen Mission in Nordengland und eng mit dem angelsächsischen Adel und der Kirche Northumbriens verbunden war. Als Haupt und Abt einer Gruppe von irischen *peregrini* (Wandermönchen) kam er im Auftrag des Hausmeiers Pippin III. und des angelsächsischen Missionars und Kirchenreformers Bonifatius Ende 745/746 an den Hof des Baiernherzogs Odilo. Von 746/747 war er Abt des Salzburger Klosters St. Peter und von 749–784 Bischof von Salzburg. Er galt als Literat und Universalgelehrter, war überaus ambitioniert und dabei eigenwillig. Er errichtete zahlreiche Kirchen und Wirtschaftszellen, war Haupt und Organisator der Karantanenmission und arbeitete bis zu seinem Tod 784 eng mit Tassilo zusammen. Er muss als *Spiritus rector* von Tassilos Kirchen-, Missions- und »Kulturpolitik« angesehen werden – als eine Art Intendant für »das älteste eigenständige Kulturschaffen auf heute österreichischen Boden« (H. Wolfram). Er stand als erster auf der Zeugenliste der Dotationsurkunde für Kloster Kremsmünster, dessen Gründung im Jahr 777 unter Anwesenheit fast aller geistlichen und weltlichen Großen einem Staatsakt gleichkam und einen der zahlreichen Höhepunkte in Tassilos Herrschaft bildete. Virgil, der sich in jenen Jahren im Traungau für das Salzburger Petruskloster sehr engagierte, war vermutlich auch an der Planung und Ausführung dieser Baumaßnahme beteiligt. Ein weiterer Höhepunkt und die Frucht gemeinsamer Bemühungen von Herzog und Bischof dürfte der gewaltige Dom gewesen sein, den Virgil schon drei Jahre zuvor in Salzburg geweiht hatte – eine *ecclesia mire magnitudinis* von 66 m Länge und 33 m Breite, nach römischem oder langobardischem Vorbild gestaltet. Salzburg mit seinen Klöstern, der herzoglichen und der Bischofsresidenz sowie die umliegenden Klöster Chiemsee, Mattsee und Mondsee bildeten zu Virgils Zeit das geistige und kulturelle Herz von Tassilos Baiern.

Die Hof- und Klosterwerkstätten werden für den Aufbau des *Thesaurus* ertüchtigt und für die neue Kunst instruiert worden sein; vermutlich entwarf ein »Intendant« oder ein geistliches Kollegium die Bildprogramme und sorgte für die stilistische und motivische Schulung der Handwerker – in Irland etwa wurden Tier- und andere Ziermotive auf beinernen »trial pieces« eingeübt – und ihre Versorgung mit Musterbüchern, wie sie etwa aus Südengland bekannt sind. Der Goldschmied, der für die Silbermedaillons des Kelches zuständig war, hatte offenkundig Probleme mit der genauen Umsetzung der Vorlage. Die Handwerker wurden mit Gerät und Metallen versorgt, worauf das bergfrisch verarbeitete Kupfer des Kelches, wahrscheinlich aus nordalpinen Lagerstätten des Fürsten, hindeutet. Vielfach fanden die Arbeiten in schlichten Grubenhäusern oder gar im Freien statt. Goldschmiede und ihre Gesellen und Helfer arbeiteten unter für heutige Verhältnisse einfachen Bedingungen, aber auf höchstem handwerklichen Niveau, und beherrschten nahezu alle Feinschmiede-Techniken vom Gießen, Treiben, Ziselieren, Vergolden und Versilbern über Niellieren, Tauschieren, Filigran- und Granulationsauflage bis zum Fassen von Edelsteinen. Gelegentlich wird man auch Spezialisten, etwa zum Emaillieren oder Steinschneiden, aus zentralen Werkstätten, vielleicht gar aus anderen Ländern, hinzugezogen haben. Der Angelsachse Cutbercht, der um 775/785 für das Salzburger Skriptorium das nach ihm benannte Evangeliar schuf, war ebenso ein solcher *peregrinus*, ein wandernder Mönch wie der Ire Clemens Peregrinus, um 770/784 Schreiber im Skriptorium von Freising.

Die »neue Schatzkunst« sollte natürlich nicht nur im Salzburger Umkreis zur Anwendung kommen: Darauf deutet unter anderem der in Petőháza (Ödenburg) am Plattensee gefundene kleine Reisekelch aus vergoldetem Kupfer, der ganz gleichartig konstruiert, aber schlichter als der Tassilo-Liutpirc-Kelch verziert ist. Er kann durch die Stifter- oder Fertiger-Inschrift + CUNDPALD FECIT (»Cundpald hat [mich/ihn] gemacht«) mit einer bei Freising begüterten und den Agilolfingern nahestehenden Adelsfamilie verbunden werden und kam vermutlich im Verlauf der Karantanen- oder Awarenmission nach Unterpannonien (Abb. 29).

Die von Virgil – und auch von Liutpirc, so kann man vermuten – geprägte italisch-insulare Kunstprovinz mit Zentrum im Salzburger Raum und ihr Wirken endeten 788. Der Sturz Tassilos mitsamt der Herzogsfamilie, ihre anschließende Verbannung in westfränkische Klöster, die Requirierung von

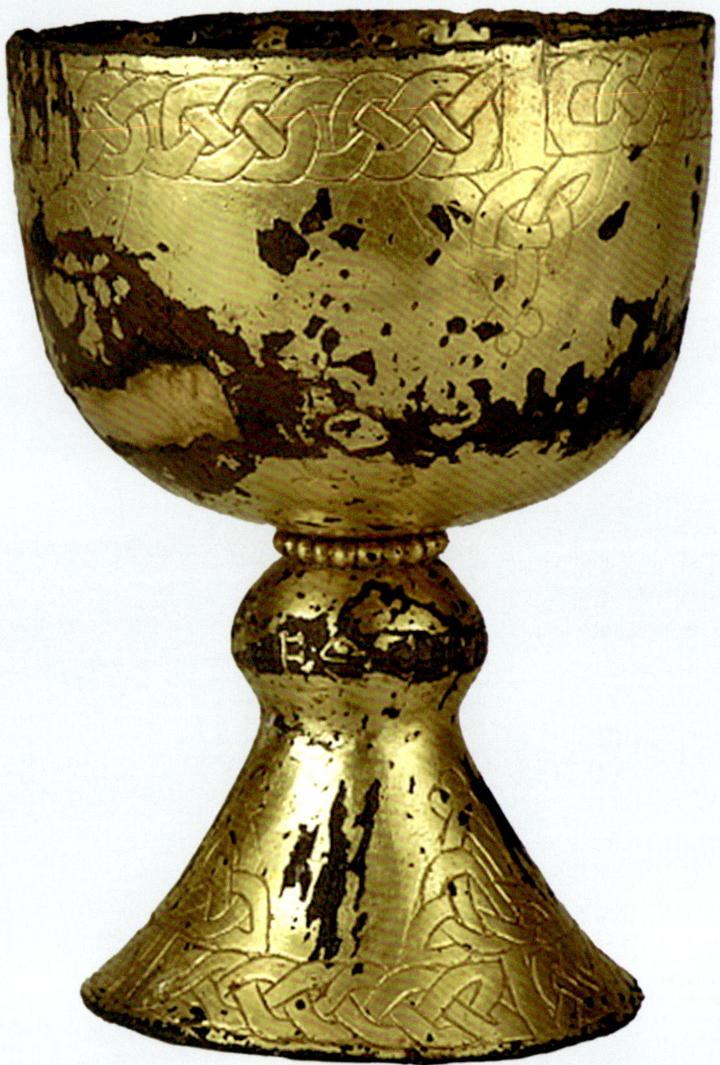

Abb. 29 Reisekelch mit Cundpald-Fertigerinschrift von Petőháza am Plattensee (Höhe 11,8 cm). Cuppa und Nodus-Fußteil sind aus Kupferblechen getrieben, Motive und Inschriftauf dem Nodus wurden eingraviert. Danach wurden sie miteinander vernietet, die Naht wurde mit einem gegossenen Perlring überdeckt und abschließend wurde das Gefäß feuervergoldet. Soproni Múzeum.

Staatsschatz mit Archiv sowie die Verhängung einer *damnatio memoriae*, der Auslöschung der glanzvollen Regentschaft aus dem historischen Gedächtnis der Zeitgenossen – all das hatte das Ende der einzigartigen Kulturpolitik des Herzoghauses zur Folge. Nur wenige ihrer Zeugnisse überlebten – wie etwa der Tassilo-Liutpirc-Kelch oder das Kreuz von Bischofshofen. Die Skriptorien konnten jedoch noch für wenige Jahre ihre künstlerischen Traditionen pflegen.

DAS SCHICKSAL DES TASSILO-LIUTPIRC-KELCHES

Viel ist über Funktion, Bestimmung und Schicksal des Kelches spekuliert worden. Wegen seiner formel- und urkundenhaften Stifterinschrift hat man ihn als »Staatsdenkmal« (Victor H. Elbern) der königgleichen Regentschaft Tassilos und Liutpircs bezeichnet. Ziel der Stiftung dieses *Calix ministralis* – als Teil eines liturgischen Geräteensembles – kann nur eine bedeutende Kirche gewesen sein, die vom Herzogspaar beauftragt und zumindest maßgeblich mitfinanziert worden und bei deren feierlicher Einweihung es anwesend war. Das könnte die Kirche des Klosters Kremsmünster gewesen sein, die am 9. November 777 im Beisein zahlreicher geistlicher und weltlicher Großer, angeführt vom Salzburger Bischof Virgil, dem Salvator (Erlöser) geweiht wurde. Das den Kelch dominierende Christusbild mit den Buchstaben-Kürzeln Ī und S̄ für Iesus und Salvator legt dies nahe. Aber nicht weniger wahrscheinlich ist seine Stiftung für den drei Jahre zuvor, 774, von Virgil geweihten Rupertus-Petrus-Dom zu Salzburg, von Zeitgenossen als eines der größten Gotteshäuser nördlich der Alpen gefeiert. Der Dom war vermutlich auch erste Heimstätte für das monumentale Rupertuskreuz, ein Sieges- und Lichtkreuz zum Ruhm von Tassilos Sieg über die Karantanen und von ihrer Missionierung. Zu späterer Zeit hatte es in der Maximilianszelle von Bischofshofen Aufstellung gefunden. Hatten Tassilo-Getreue 788 im Angesicht der Schatz-Requirierung das Monumentalkreuz und den Kelch in die abgelegeneren Klöster Bischofshofen und Kremsmünster in Sicherheit gebracht, wo sie ab dann eine neue, sichere Heimstatt fanden?

Der Kelch als Himmelsstadt – die Bildstruktur des Kelches

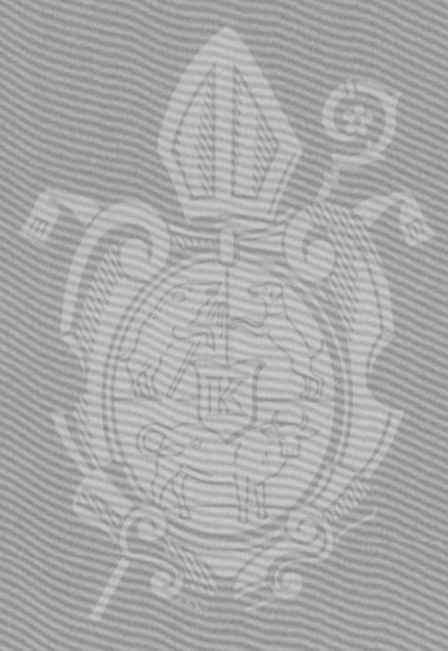

Was bedeutet die Verzierung des Tassilo-Liutpirc-Kelches? Ist sie beliebiger Dekor im Stil des späten 8. Jahrhunderts oder steckt eine Botschaft, ein Bildprogramm dahinter, das für uns heute nicht auf Anhieb verständlich ist? In der frühchristlichen und mittelalterlichen Kunst, ob monumental oder im Kleinen, gibt es keinen bedeutungslosen Dekor. Gestaltung und Bildschmuck von liturgischem Gerät einschließlich Reliquiaren und Räuchergefäßen sind engstens bezogen auf den Kern der Liturgie, das Heilsgeschehen von Passion, Auferstehung und Erhöhung sowie auf die dadurch erhoffte Erlösung der Menschheit. Dem folgt auch der Tassilo-Liutpirc-Kelch, der in einer langen Tradition sakraler Kunst steht. Doch bei kaum einem Bildwerk jener Zeit wurde seine Symbolik so umstritten diskutiert. Zudem liebten die Künstler des christlichen Frühmittelalters Mehr- und Vieldeutigkeit ihrer komplexen Bildersprache. In dieser Broschüre präsentieren wir zwei – durchaus voneinander abweichende – Deutungsvarianten: im Folgenden eine weitgehend kunsthistorische, weiter unten (S. 80–91) eine theologische Auslegung von P. Altman Pötsch.

Morphologie und Verzierung des Kelches sind sorgfältig durchdacht und aufeinander abgestimmt. Im Querschnitt ist er strikt geometrisch aus Kreis- und Ellipsensegmenten konstruiert. Seine horizontale und vertikale Mitte liegt bei der Verzapfung von Cuppa mit Nodus-Fuß (Abb. 36–37; vgl. S. 82–85). Die Außenfläche des Kelches ist von einem vielteiligen Rahmenwerk aus niellierten Stegen überzogen, das insgesamt 133 geometrische Felder bildet (Abb. 30). Es verbindet Cuppa, Nodus und Fuß zu einer zusammengehörenden Bildstruktur. Von diesen Feldern sind durch Silberplattierung, Niellozeichnung und Goldmulden folgende 19 Felder besonders betont: neun ovale, von Flechtbändern und Weinranken umrahmte figural verzierte Medaillonfelder auf Cuppa und Fuß, neun rosettengefüllte Rautenfelder auf dem Nodus (Abb. 31) sowie die Stifterinschrift auf dem umlaufenden Bodenfries (Abb. 2). Auf anderen sakralen Goldschmiedearbeiten der Zeit symbolisieren silberne Flächen eine überirdische, himmlische Sphäre. Die umgebenden vergoldeten Kerbschnittfelder tragen Tier- und Pflanzenmotive insular-angelsächsischer Tradition (Abb. 32; hintere Klappe), die auch auf den Inseln oft separat in einzelne Felder gesetzt wurden. Insbesondere die ovalen silberplattierten Medaillons treten aus den wimmeligen Goldflächen wie fensterartige Durchbrechungen hervor. Sie umspannen Cuppa und Fuß in einer Art Kettenscharnier und dominieren den Kelch.

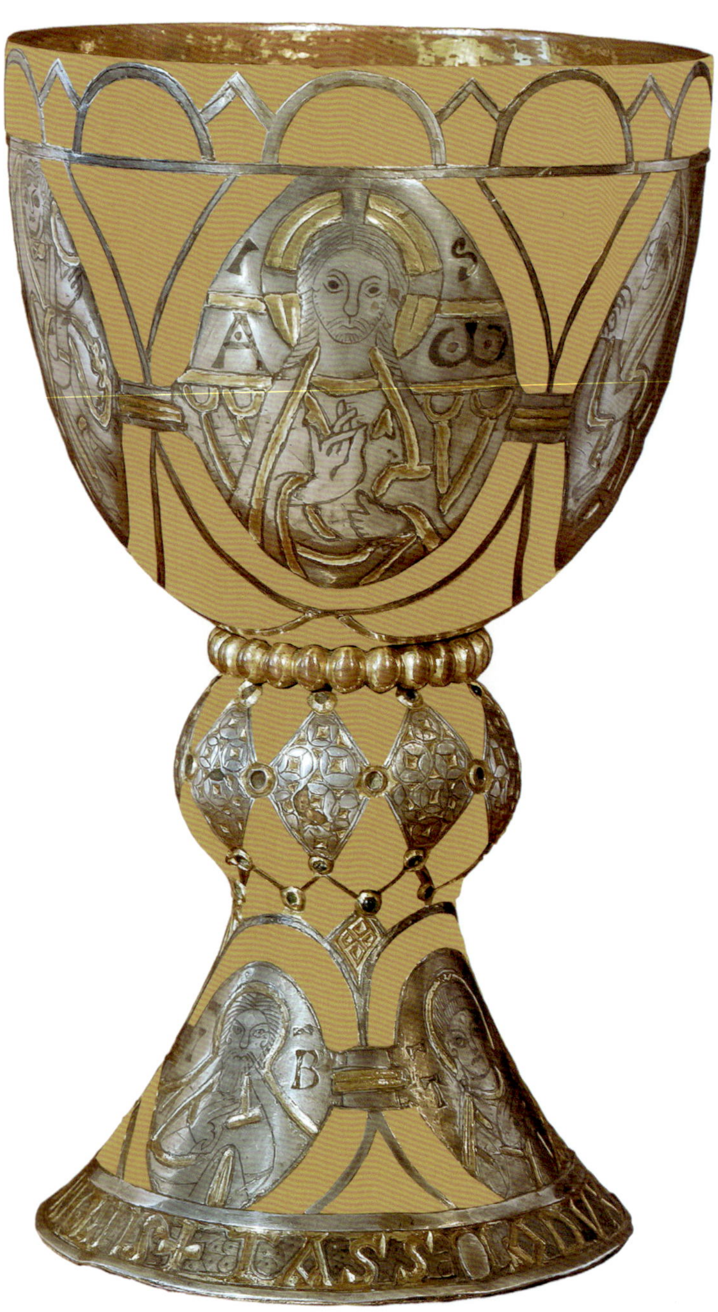

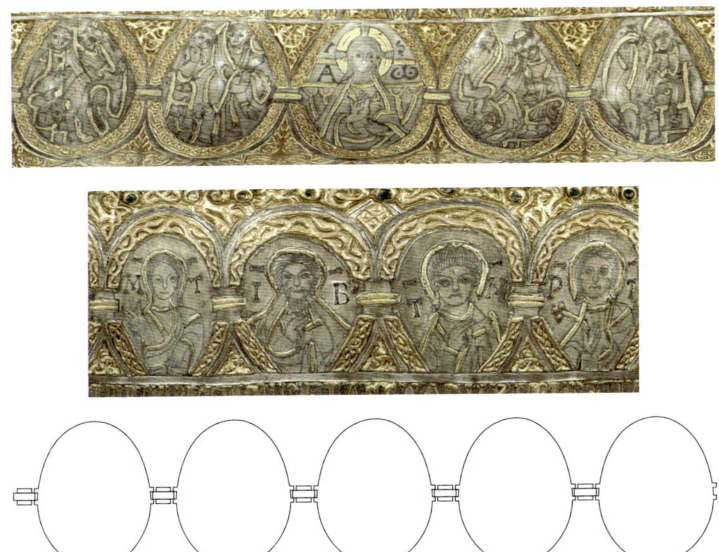

Abb. 31 »Medaillon-Bildketten« auf der Cuppa (oben) und dem Fuß (Mitte); unten eine schematische Umzeichnung der Cuppa-Medaillons. Oben und Mitte gestreckte Abwicklung des 3D-Modells.

KELCH UND OFFENBARUNG – CHRISTUS UND DIE EVANGELISTEN

Das Bildschema der Cuppa ist auf die Kernaussage der Offenbarung (Apokalypse) bezogen, der Endzeitvision des Johannes. Im zentralen Hauptmedaillon erkennt man Christus, wahrscheinlich ursprünglich mit einem Codex in der Linken (was der Handwerker missverständlich »korrigierte«, Abb. 14; 18,2) und die Rechte im griechischen Sprech- (I und X indizierend) oder Segensgestus, erhoben. Er thront vor säulenartigen Architekturelementen, die *die heilige Stadt, das neue Jerusalem* andeuten. Sein Haupt ist unten von den griechischen Buchstaben A und ω begleitet, dem ersten und letzten Zeichen des griechischen Alphabets:

Abb. 30 Rahmenwerk der Oberfläche des Tassilo-Liutpirc-Kelches; die Kerbschnittfelder mit Tier-, Pflanzen- und Flechtbandmotiven sind gelöscht.

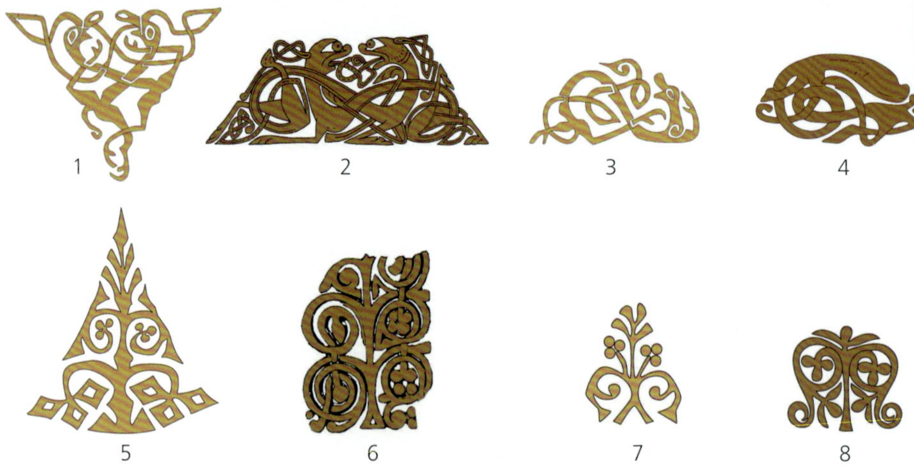

Abb. 32 Tier- und Pflanzenmotive der zweiten Hälfte des 8. Jhs. vom **1, 3, 5, 7** Tassilokelch und **2, 4, 6, 8** aus der northumbrischen Kunst: **2, 4** Reliquiarbeschläge von Fure und Lilleby, Norwegen; **6** Buchbeschlag von Alstad, Norwegen; **8** Detail von fol. 12b des Leningrader Evangeliars. Die Motive der insularen Weinstock-Ornamentik gehen auf die antike Bildwelt des paradiesischen, von Tieren bewohnten Lebensbaums zurück. Die Beschläge **2, 4, 6** gelangten als Beutegut in norwegische Wikinger-Gräber.

Und der auf dem Thron saß, sprach: Siehe, ich mache alles neu! ... Ich bin das A und das O, der Anfang und das Ende. (Off 21-22; 1,8; 21,13). Darüber sind die Buchstaben Ī und S̄ für »Iesus Salvator« (= Jesus Erlöser) eingesetzt. Christus ist von den vier Evangelisten auf Lehnstühlen mit Fußstützen, zusammen mit ihren geflügelten Wesen, umgeben. Dabei sitzen Matthäus und Lukas links von Christus im linken Teil ihres Ovals, Markus und Johannes rechts von ihm im rechten Teil. Sie sind jeweils Christus zugeneigt und bilden dadurch mit ihm ein zusammenhängendes Bildmotiv. Ein Vergleich mit den im gleichen Zeitraum in Salzburg und Mondsee geschaffenen Werken des »insularen« Salzburger Kreises (Cutbercht-Evangeliar, 770/785; Codex Millenarius Maior, um 800) zeigt so enge Übereinstimmungen im Allgemeinen und in Details (Abb. 33,1-4), dass an ihrer Identität als Evangelisten nicht gezweifelt werden kann.

Die Komposition ›Jesus zwischen den Evangelisten‹ ist das beliebte Maiestas Domini-Bildschema, wie es unter anderem von frühchristlichen Apsisprogrammen (z. B. Santa Pudenziana, Rom, um 420; San Apollinare in Classe, Ravenna, Mitte 6. Jahrhundert) bekannt ist, die ebenfalls die apokalyptische Schau inmitten kosmischer Erscheinungen sowie Christus vor der Architektur der Himmelsstadt zeigen. Auch der Christus des Godescalc-Evangelistars (781/783) sitzt als Teil einer Maiestas Domini vor der Mauer und den Toren Jerusalems. Über die Wesen, die auf die Evangelisten bezogen sind, sagt Johannes: ... *um den Thron* [waren] *vier himmlische Gestalten ... Und die erste Gestalt war gleich einem Löwen, und die zweite Gestalt war gleich einem Stier, und die Dritte hatte ein Antlitz wie ein Mensch, und die vierte Gestalt war gleich einem fliegenden Adler ....* Und zu Christi Codex heißt es in der Offenbarung: *Und ich sah in der rechten Hand des, der auf dem Thron saß, ein Buch ... versiegelt mit sieben Siegeln.* In der Kunst wird das Buch jedoch durchweg in Christi linker Hand wiedergegeben.

DIE HEILIGENBILDER AUF DEM FUSS

Die von Namenkürzeln begleiteten vier Halbfiguren auf dem Fuß sind durch eine Weinranke über ihrem Haupt besonders hervorgehoben und durch einen Goldnimbus als Heilige gekennzeichnet (Abb. 31 Mitte; 39; Abb. hintere Klappe). Die Kürzel dürften, wie bei Ī und S̄ im Christusmedaillon, jeweils den Namen und ein Attribut oder den Stand angeben. Die Zeichnung der Gesichter entspricht der der Cuppa-Medaillons; vermutlich hatte der Künstler nur eine begrenzte Anzahl Gesichter-Modelle als Vorbilder. Lediglich der langhaarige und -bärtige Johannes der Täufer mit den Begleitbuchstaben I̅B̅ = Iohannes Baptista folgt dem frühchristlichen Bildschema des asketischen Propheten; er ist als einziger sicher identifizierbar. M̅T̅ wird gemeinhin als Maria Theotokos = Maria Gottesmutter (oder Meter Theou = Mutter Gottes) gelesen. Maria und der Täufer zu Seiten des thronenden oder stehenden Christus stellen das wohlbekannte Bildmotiv der Deësis dar, bei dem sie als Fürbittende vor dem Weltenrichter beim Jüngsten Gericht auftreten. Da sie beim Kelch jedoch nicht direkt unterhalb von Iesus Salvator auf der Cuppa stehen, kann die Szenerie nicht als echte Deësis gelesen werden. Zudem hält Maria – wie die Evangelisten Matthäus und Johannes auf der Cuppa – in der Linken eine Schriftrolle. Das ist ein sehr seltenes Attribut Marias in der frühmittelalterlichen Kunst, weshalb die Identifikation der Heiligenfigur mit Maria nicht als gesichert angesehen werden kann – nicht einmal als weiblich kann die Büste zweifelsfrei identifiziert werden, wenn man sie mit den bartlosen Evangelisten des Kelches oder den Figuren im Psalter von Montpellier vergleicht (Abb. 33; 26). Sie zeigt mit dem abgespreizten Zeigefinger auf das Wort »VIRGA« (Spross, Szepter) der Stifterinschrift. Da jedoch auch der Evangelist Johannes auf der Cuppa und wohl auch Matthäus im Codex Millenarius

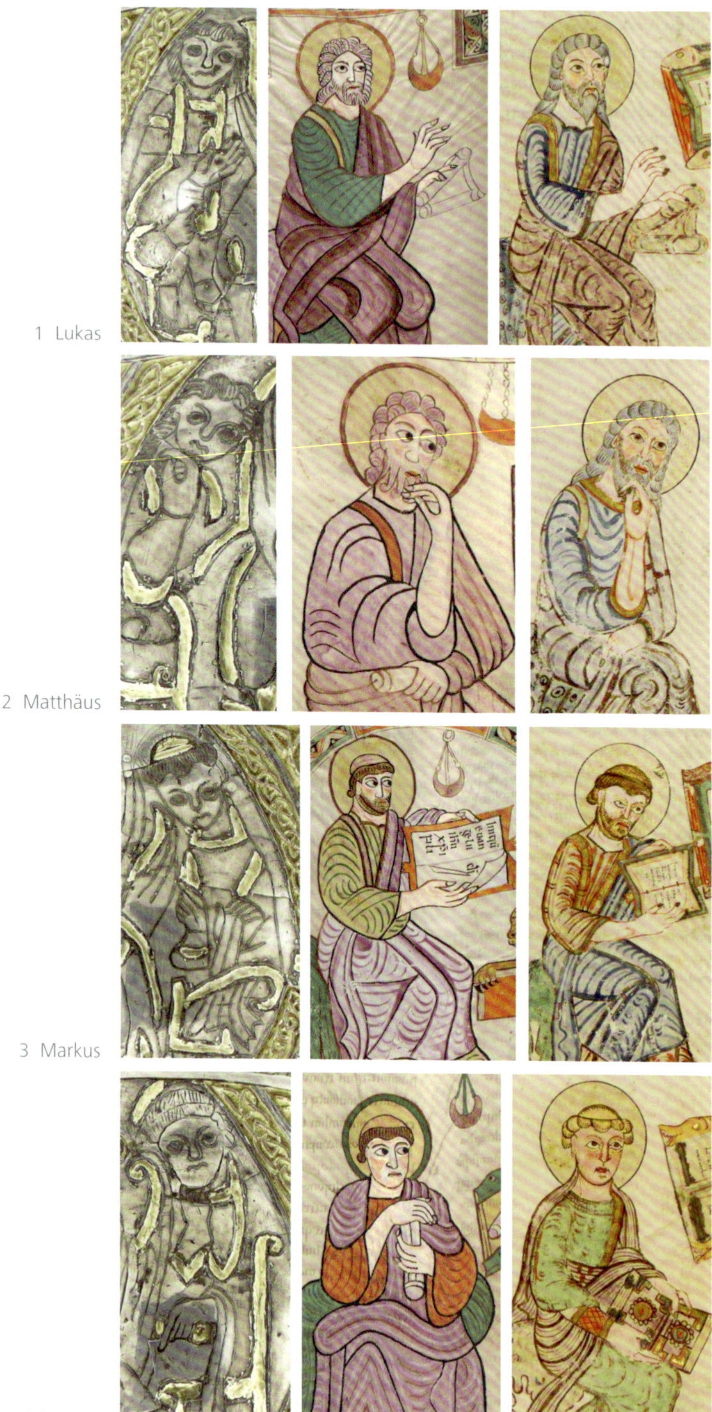

1 Lukas

2 Matthäus

3 Markus

4 Johannes

Abb. 33 Die vier Evangelisten des Tassilo-Liutpirc-Kelches (770/780 – links), des Cutbercht-Evangeliars (CE; 770/785, Salzburg – Mitte) und des Codex Millenarius Maior (CMM; um 800, Mondsee – rechts) im Vergleich. Jeweils Ausschnitte. Die Evangelisten auf dem Kelch sitzen auf Sesseln mit Rückenlehne, die in den Codices auf einem Hocker mit Überwurf. Lukas (1) und Matthäus (2) auf dem Kelch sind links von Jesus positioniert und deshalb ihm nach rechts zugewandt – wie in den Codex-Bildern. Markus (3) und Johannes (4) rechts von Jesus beugen sich entsprechend nach links. Wegen der Metalltechniken Niello und Vergoldung sind die Portraits in den Kelch-Medaillons deutlich weniger detailliert als die Malereien; auch ist bei ihnen manche Linie, etwa der Gewandfaltung, schwer zu identifizieren. Während Haare, Frisur und Tonsur bei Lukas, Matthäus und Markus weitgehend übereinstimmen, wirkt Johannes auf dem Kelch eigenständiger. Auf dem Kelch trägt kein Evangelist einen Bart, anders als Lukas, Matthäus und Markus in den Codices – vermutlich aus fertigungstechnischen und Platz-Gründen. Auch sind sie, bis auf Johannes, nicht mit einem Nimbus (Heiligenschein) ausgestattet – im Gegensatz zu den Heiligen-Büsten auf dem Fuß, wo mehr Platz zur Verfügung stand und dieses Attribut ebenso wie die Buchstaben zu ihrer Kennzeichnung nötig waren.

1 Lukas (CE: fol. 232; CMM: fol. 174v): Das lockige Haupthaar und die Haltung der Hände stimmen weitgehend überein. Eine Schriftrolle in der Linken wie in den Codices ist auf dem Kelch nicht zu erkennen.

2 Matthäus (CE: fol. 46; CMM: fol. 17v): Bemerkenswert enge Übereinstimmungen zeigen sich beim lockigen Haar, der auf dem Schoß liegenden Linken mit Schriftrolle (beim Codex Millenarius vielleicht abgerieben, den Zeigefinger mit grünem Nagel ausgestreckt) sowie beim rechten, aufgestützten Arm, auf dessen halboffener Hand das Kinn ruht – ein antiker Philosophen-Gestus der Nachdenklichkeit.

3 Markus (CE: fol. 154; CMM: fol. 109v): Beim Kelch ist die dreiwellige Stirnfrisur am stärksten ausgeprägt; die goldbetonte Tonsur stellt eine Reparatur des 18. Jhs. dar (sollte damit ein zu der Zeit noch existierendes loses Originalblech kopiert werden?); die Gewandfaltung ist nicht identifizierbar. Der Griff nach einer zweiteiligen Falte (Manipel?) mit der Linken könnte eine – missglückte – Imitation der Schriftrollen-Haltung von Johannes im CE sein.

4 Johannes (CE: fol. 342; CMM: fol. 276v): Er ist der einzige Evangelist auf dem Kelch mit einem (partiellen) Nimbus. Seine Handhaltung entspricht der des Matthäus: Die Rechte stützt das Kinn, die Linke auf dem Schoß hält eine Schriftrolle, den Zeigefinger abwärts gerichtet wie die Heiligenfigur $\overline{MT}$; oberhalb des Handgelenks hängt ein Manipel (Mappula), eine der frühesten bildlichen Wiedergaben des über dem linken Unterarm getragenen liturgischen Bandes. Während Johannes im CE ebenfalls eine Schriftrolle mit den Händen fasst, hält er im CMM einen aufgeschlagenen Codex.

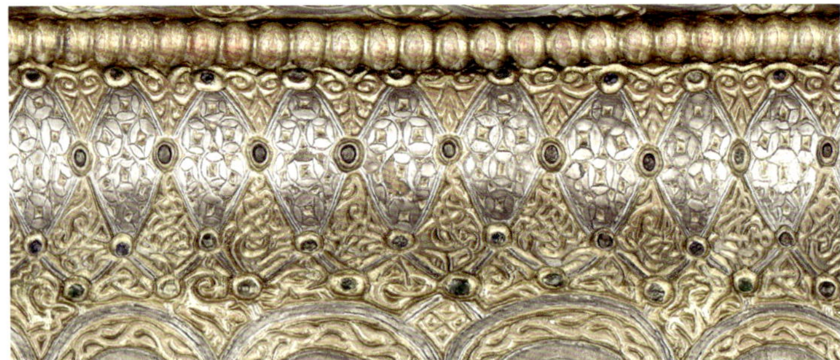

Abb. 34 Rautenmuster auf dem Nodus des Tassilo-Liutpirc-Kelches. Gestreckte Abrollung des 3D-Modells.

Maior (Abb. 33,4 links; 33,2 rechts) mit identischer Geste, einen Rotulus haltend, nach unten weisen, aber wohl auf nichts Konkretes, dürfte Marias (?) Fingerzeig auf »VIRGA« zufällig und ohne Bedeutung sein. Die Lesung der beiden weiteren Heiligen ($\overline{\mathrm{TM}}$ und $\overline{\mathrm{PT}}$) ist umstritten; sie stellen vielleicht agilolfingische, langobardische oder gar irische Heilige dar, vielleicht auch Patrone der Kirche, für die der Kelch vorgesehen war. Sollte er eine Stiftung für Kremsmünster gewesen sein, so könnte Iesus Salvator zwischen den Evangelisten den in der Stiftungsurkunde genannten Spitzenpatron repräsentieren, die anderen Heiligen auf dem Fuß aber ungenannte Mit-Patrone für vier weitere Altäre (oder Kapellen) von Kremsmünster – das war seit dem späteren 8. Jahrhundert ein von Rom ausgehendes übliches Patrozinien-Schema, wobei Johannes der Täufer, Hofheiliger im langobardischen Monza und auch im frühen Baiern sehr beliebt, zu den häufigsten Mit-Patronen zählte (eine andere Deutung der Heiligenfiguren siehe unten S. 86-89). In jedem Fall könnten die vier Heiligen unmittelbar auf der Stifterinschrift die Aufgabe als bittende Vermittler zwischen dem Fürstenpaar und dem Weltenrichter gehabt haben.

Ähnlich markant wie die neun ovalen Medaillons sind die neun silberplattierten rautenförmigen Felder auf dem Nodus, eingebettet in insgesamt 27 (+ 1) Kerbschnittfelder mit Tier-Pflanzen-Flechtbandknoten-Motiven und markiert von 36 bunten Steineinlagen (Abb. 34). Jede dieser Rauten ist mit sieben Rosetten gefüllt, die innen eine sphärische Raute umschließen. Solche und verwandte Kombinationen aus Quadrat, Kreis und Raute stellen eine kosmologisch-christologische Chiffre des *orbis quadratus mundi* dar – des quadratischen Weltkreises der Schöpfung. Andererseits, so P. Altman Pötsch, erinnern die Rosetten an die typisch antiken Brote mit kreuzförmiger Kerbung in der spätantiken und mittelalterlichen Kunst. In jeder Raute siebenmal wiedergegeben, verweist es auf die Vermehrung der sieben Brote bei der Speisung der 4000 Männer (nach Mt 15,32 ff.) und damit auf die liturgische Funktion des Kelches als Spendegefäß für die Eucharistie. Dieser Nodusfries trennt den Cuppafries vom Fußfries.

DER KELCH ALS MINIATUR-ARCHITEKTUR

Seit frühchristlicher Zeit werden liturgische Geräte oft als Miniaturen heilsgeschichtlicher Architekturen (z. B. Tempel Salomos, Heiliges Grab, Neues Jerusalem, Lebensbrunnen) gestaltet. Damit sollte auch bildsymbolisch auf ihre Funktion als »Haus Gottes« verwiesen werden, denn der Kelch enthält Christus in Form von Wein und Brot oder er ist der Lebensbrunnen, in den Christi Opferblut fließt (Abb. 41). Die Reliquiare hingegen, sehr oft in Form spätantiker hausförmiger Sarkophage, fungieren als Grab und Wohnstatt der Heiligengebeine. Eine in vieler Hinsicht besonders enge Parallele zum Tassilo-Liutpirc-Kelch ist die silbervergoldete liturgische Hostien-Pyxis aus Tassilos Werkstätten, die in einem dänischen Wikingerschatz in Fejø angetroffen wurde (siehe Kasten ›Silberpyxis von Fejø‹).

Diese sehr beliebte Mode der Miniatur-Architekturen kann auch für den Tassilo-Liutpirc-Kelch erschlossen werden. Er imaginiert einen vermutlich zweigeschossigen Rundbau himmlischen Charakters, die Himmelsstadt, die aus »paradiesischem Baustoff« errichtet ist: aus dem Lebensbaum-Tier-Pflanzen-Ornament insularer Herkunft. Durch die fensterartigen Silberflächen, wobei die ovalen Medaillons auch als Mandorla-Gloriole fungieren, schaut der Betrachter in das Neue Jerusalem der Offenbarung des Johannes (Abb. 31). In ihr sind, wie in den großen apokalyptischen Apsisbildern, Christus und die vier Evangelisten sowie Johannes der Täufer (als Vorläufer Christi), vielleicht Maria sowie zwei weitere Heilige präsent. Den Charakter der Himmelsstadt symbolisiert auch der durch eine Leiste abgesetzte obere Randfries der Cuppa mit den Spitzgiebel- und Arkaden-Feldern. Diese sind in der spätantiken und frühmittelalterlichen Kunst eine Bildchiffre für Stadtlandschaften, insbesondere die von Jerusalem. Das Motiv der Medaillon-Ketten, die Cuppa und Fuß umspannen (Abb. 31), nimmt Bezug auf enigmatische Ketten am Salomonischen Tempel (1 Kön 6-7; 2 Chron3,15-17), der eine Variante des Motivs

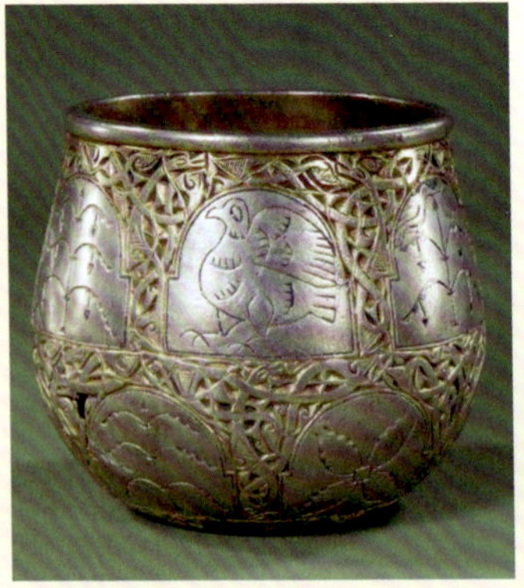

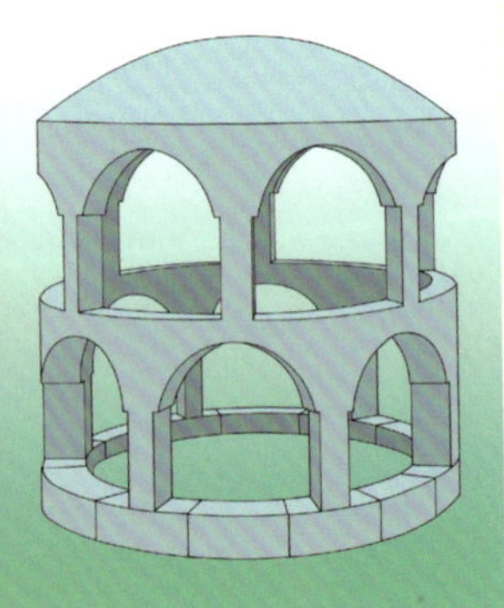

Vergoldete und niellierte **Silberpyxis von Fejø** (DK; Nationalmuseum Kopenhagen), links: Foto, und rechts: Umzeichnung der eingravierten »Architektur« als dreidimensionaler Rundbau, der als Neues Jerusalem nach der Vision in der Offenbarung des Johannes imaginiert wurde. Das Gefäß zeigt in zwei Geschossen 12 Tore, die auf 12 Grundsteinen ruhen. Durch die offenen Tore blickt man in die Himmelsstadt, in der Adler, Taube, Lamm und Bäume mit Früchten und daran sich labenden Vögel sowie Vierpass-Gebilde zu sehen sind. Die Wandung ist wie beim Tassilo-Liutpirc-Kelch flächig mit insularen Tier- und Pflanzenmotiven bedeckt. Laut Offenbarung 21-22 handelt es sich beim Neuen Jerusalem um eine »Stadt aus reinem Golde«, die auf »zwölf Grundsteinen ... mit den .. Namen der .. Apostel des Lammes darauf..., geschmückt mit allerlei Edelgestein«, ruhte und »zwölf Tore ...« hatte, die stets offen standen. In der Stadt ist »der Thron Gottes und des Lammes«, von dem aus »der Strom lebendigen Wassers« geht, und der »Baum des ewigen Lebens, der jeden Monat Früchte trägt; und die Blätter des Baumes dienen zur Heilung der Völker«. Die Vierpass-Gebilde repräsentieren dabei den Vierstromquell. Das sehr qualitätvolle, in vergoldetem Kerbschnitt gearbeitete dichte vegetabile Tiergewimmel, praktisch das »Baumaterial« des Neuen Jerusalem, repräsentiert die in antiker Tradition stehende paradiesische Lebensbaum-Ornamentik.

Himmelsstadt ist. Er galt als alttestamentliche *praefiguratio* (Vorverkörperung) Christi und der Kirchengemeinde und wurde zum Vorbild für bedeutende Hofkirchen wie die Hagia Sophia Justitians in Konstantinopel (um 535) oder die Sophienkirche des langobardischen Fürsten Arichis II., des Schwagers Tassilos, in Benevent (um 765).

Mehrfach finden sich im Bildschmuck des Kelches die Zahlen 6, 9, 10, 24 und 36, in denen man eine zahlensymbolische Bedeutung vermuten darf (vgl. S. 82–84). Aus der frühchristlichen Bibelexegese und Deutung der Heilsgeschichte sei beispielhaft genannt: die Sechs galt als *numerus perfectus* (Schöpfung in 6 Tagen, Summe aus Inkarnation und Passion Christi); die Neun ragte unter anderem heraus, weil sie 3 × die Trinität ist, Christus in der 9. Stunde stirbt, es neun Stände der Engel und neun Teile der Bibel gibt. Die Zehn findet sich in den Zehn Geboten, den zehn Stufen der Heilsgeschichte, den zehn Ständen der Kirche, den zehn Tugenden und Lastern. Die 24 Goldperlen des Rings könnten auf die 24 Ältesten und/oder auf die zwölf Grundsteine »aus Edelgestein« plus zwölf Tore des Himmlischen Jerusalem (»und ein jegliches Tor war von einer einzigen Perle«) nach der Offenbarung (4,4; 21;6f.) verweisen. Die 36 wiederum ist die Potenz der perfekten Zahl 6, und die Grabesruhe Christi dauerte 36 Stunden.

Als Spendekelch für die heilige Messe wurde der Tassilo-Liutpirc-Kelch in besonderer, sprechender Weise gestaltet: er ist die Visualisierung der *urbs caelestis*, der Himmelsstadt. Durch das Kettenmotiv, das strukturhaft Cuppa und Fuß umzieht und den Salomonischen Tempel zitiert, wird der Kelch zugleich als Tempel des Alten Testaments charakterisiert und damit als *praefiguratio* der Himmelsstadt. Die Botschaft dieses liturgischen Gefäßes, eines *calix imaginatus et literatus*, ist somit die Heilsverheißung des Kelches, der aus Christi Seitenwunde Wasser und Blut Christi enthält (Abb. 41) – das Bild der Taufe und der Mysterien, die Allegorie für die Erlösung durch Jesu Opfertod und Symbol der Ekklesia. Das wird durch das aus Prophetentexten und der Offenbarung des Johannes entwickelte Bildschema der Maiestas Domini sowie durch die Präsenz von vier Heiligen im unteren Fries verbildlicht und veranschaulicht. Ganz unten ruht der Kelch auf der Stifterinschrift aus 36 mit Goldmulden gezeichneten Buchstaben: + TASSILO DVX FORTIS + LIVTPIRC VIRGA REGALIS (Abb. 2). Mit dieser Titulatur präsentiert sich das Herzogspaar feierlich, förmlich und selbstbewusst als Fundament dieses Kelches, des allegorischen Bildnisses der Himmelsstadt – und damit um die Erlangung des Himmelreiches bittend.

Calicem salutaris accipiam
Eine neue theologische Deutung des Kelches

P. Altman Pötsch OSB

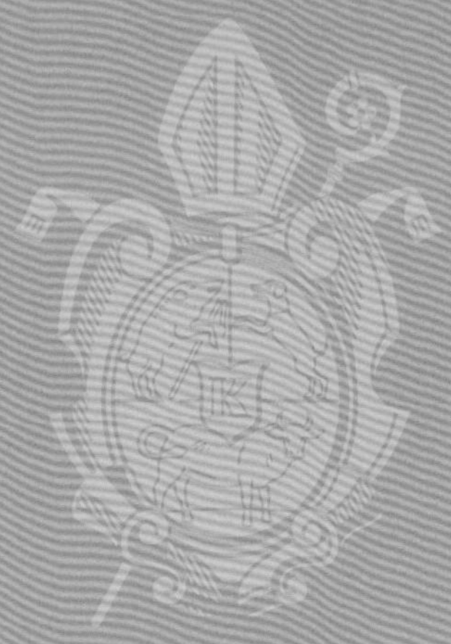

Der Tassilo-Liutpirc-Kelch ist ein Messkelch. Die beiden Teile Cuppa und Fuß sind gleich schwer und klingen – wenn sie angeschlagen werden – mit dem Ton D, die größere Cuppa eine Oktave tiefer (Abb. 20–24; 36). Neun Medaillons, dazu 42 Tier- und 28 Pflanzendarstellungen, sind kunstvoll angeordnet und vermitteln eine deutliche theologische Botschaft (Abb. hintere Klappe). Das zentrale Bild auf der Schauseite zeigt Christus Pantokrator als Hohenpriester (Abb. 14; 18,2; 20). Mit der Rechten spendet er den Segen, in der Linken hält er – nur schwach angedeutet – ein Buch. Der Balken hinter Christus stellt zusammen mit den goldenen Halbkreisen und Stangen das Urbild der Bundeslade dar (vgl. Exodus 25; Offb 11,19), darauf stehen Alpha und Omega, darüber Ī S̄ (Iesus). Der ärmellose Mantel Christi weist ihn als Hohenpriester nach der Ordnung des Melchisedek aus (vgl. Psalm 110), von dem berichtet wird, er habe Abraham gesegnet und Brot und Wein dargebracht. Der Name Melchisedek bedeutet »König der Gerechtigkeit, er ist der König des Friedens und ohne Stammbaum, ohne Anfang seiner Tage und ohne Ende seines Lebens, ein Abbild des Sohnes Gottes.« Christus hingegen ist Alpha und Omega, Anfang und Ende, »Bürge eines besseren Bundes, … Hohepriester der künftigen Güter« (vgl. Hebräerbrief 7 ff.). Das Hauptverb in der Erwähnung Melchisedeks im Buch Genesis (14,18) lautet *benedixit ei* (»er segnete ihn« – gemeint ist Abram). Im gesamten Neuen Testament ist nur bei der Himmelfahrt davon die Rede, dass Jesus segnet (Lk 24,50 *benedixit eis*). Bereits dieses Detail gibt Einblick in die Tiefendimension der Heiligen Schrift und den geheimnisvollen Zusammenhang zwischen Altem und Neuem Testament. Die vielen Bünde des Alten Testamentes finden im eucharistischen Opfer Jesu Christi ihre Vollendung. Der Kelch ist Ausdruck des Bundes zwischen Gott und den Menschen, und seine Elemente sind auf diesen Hauptgedanken hin geordnet.

Das Brustbild Christi wird flankiert von den Vier Lebewesen, wie sie vom Propheten Ezechiel beschrieben und von der Johannes-Apokalypse zitiert werden (Kap. 4). Dabei folgt ihre Anordnung den Mosaiken dreier römischer Kirchen (Lateran-Baptisterium, Santa Maria Maggiore, Sankt Paul vor den Mauern). Auf der Alpha-Seite der Cuppa (Abb. 31) sind der Engel und das Kalb zu erkennen, auf der Omega-Seite der Löwe und der Adler. Nach einer Interpretation durch Papst Gregor den Großen deuten diese Wesen beziehungsweise Evangelistensymbole auch auf die vier *sacramenta* im Leben Jesu: Der Engel verkündet die Menschwerdung des Gottessohnes aus Maria, das Kalb als Opfertier verweist auf den Opfertod Jesu am Kreuz, der kräftige Löwe ist Zeichen der Auferstehung, der Adler schließlich nimmt Bezug auf die Himmelfahrt des Herrn. Zusammengefasst markiert die Alpha-Seite das irdische Leben Jesu (Geburt und Tod, Jesus als Mensch), die Omega-Seite das himmlische Leben (Auferstehung und Himmelfahrt, Jesus als Gott). So verdeutlicht diese Anordnung das Dogma von der »Doppelnatur Christi«, das auch noch zur Zeit Tassilos diskutiert wurde: Jesus ist ganz Mensch und ganz Gott.

Lange hat die frühe Kirche über das Verhältnis der beiden Testamente nachgedacht. Bereits am Beginn des Christentums wurde das Alte Testament als Vorausbild für Ereignisse verstanden, die sich in Christus erfüllten (Typologie). Der oben genannte Priesterkönig Melchisedek ist nur eines von vielen Beispielen. So identifizierte man die 24 Ältesten der Apokalypse mit den zwölf Patriarchen und den zwölf Aposteln, je eine Gruppe aus dem Alten, eine aus dem Neuen Testament. Den vier Evangelisten wurden oft die vier großen Propheten Daniel, Jesaja, Jeremia und Ezechiel zur Seite gestellt (Abb. 35). All das ist auf dem Kelch angedeutet. Jedes der flankierenden Medaillons der Cuppa zeigt neben dem Wesen einen sitzenden Mann, der manchmal als Evangelist identifiziert wird, hier aber einer der großen Propheten ist. Der Evangelist ist hier das Wesen selbst, er vertritt den Neuen Bund. Mit seiner Flügelspitze berührt er das Ohr des Propheten, wie es Ezechiel beschreibt: »Ich hörte das Rauschen der Flügel« (1,24). Den Mann als Evangelisten zu interpretieren passt besser zu einem Buchdeckel als auf einen Kelch. Das Wesen zur Rechten Christi (Mensch, Engel) fungiert nicht nur als Evangelist Matthäus und Christus in seiner Menschwerdung, sondern spielt durch seine markante Armstellung auf ein bekanntes Mosaik in San Apollinare in Ravenna an. Rechts von Melchisedek steht Abraham, vor ihm sein Sohn Isaac, den er opfern soll. Bei den Kirchenvätern ist Isaac ein Vorausbild Christi. Mit der Menschwerdung des Gottessohnes gibt Gott seinen Sohn dahin (vgl. Joh 3,16). Auch dieses Detail verdeutlicht die Komplexität des Figurenprogramms.

GEOMETRIE UND KONSTRUKTION DES KELCHES

Die untrennbare Verbindung von Altem und Neuem Testament findet auch in der Geometrie des Kelches seinen Ausdruck (Abb. 36). Die Höhe des Frieses am oberen Ende der Cuppa (1 digitus = Fingerbreit: 1,979 cm) bildet die Maßeinheit

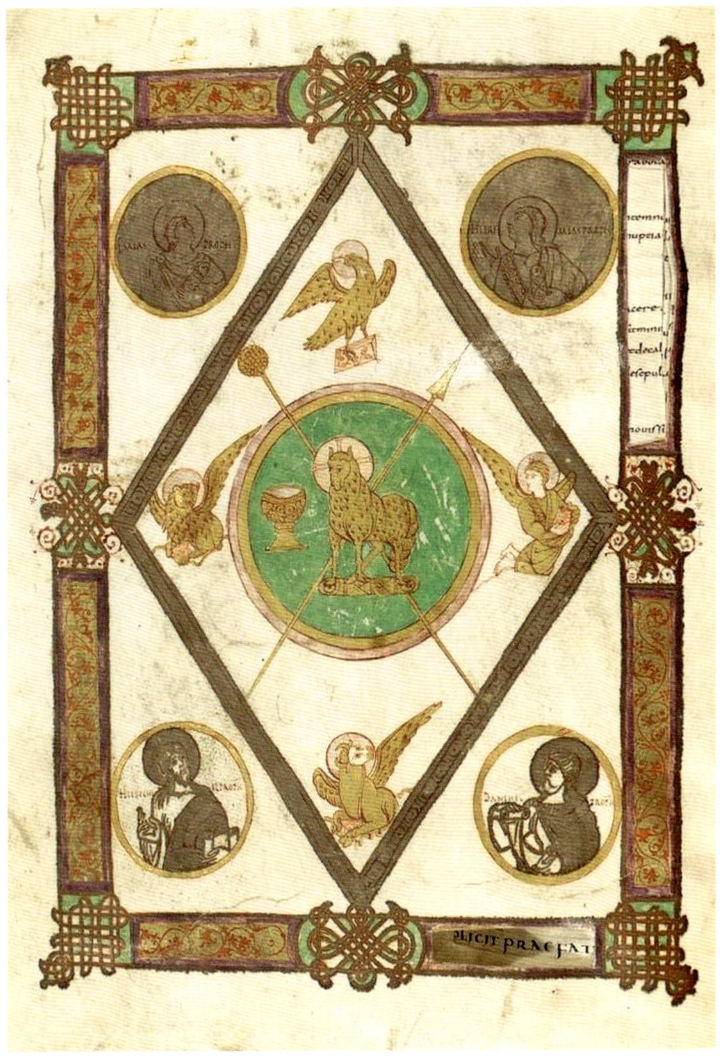

Abb. 35 Zierseite zu Beginn des Neuen Testaments aus der Bamberger Bibel, fol. 339v, Tours 834–843. Im Zentrum der Raute und im Schnittpunkt der Lanze mit dem Stab für den Essigschwamm steht das Lamm, davor der Kelch. In den Rautenecken die Vier Wesen, in den Bildecken halbfigurig die vier Propheten mit Schriftrolle: Isaias proph / Hieremias proph / Hiezechiel proph / Danihel proph.

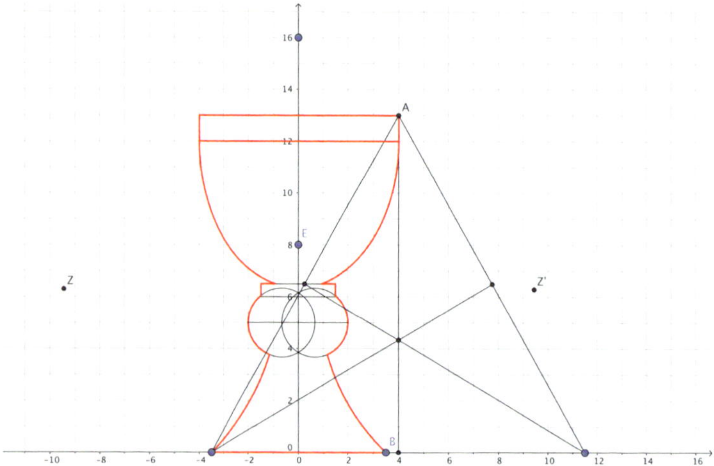

Abb. 36 Konstruktion des Kelch-Querschnitts, abgeleitet von einem gleichseitigen Dreieck mit Basis 15 d. Auch die seitliche Kelchkontur beträgt 15 d (1 d [digitus]) = 1,979 cm).

für den Kelch. Seine Höhe 13 d weist hin auf das Letzte Abendmahl, wo Jesus mit den zwölf Aposteln zu Tisch sitzt und die Eucharistie einsetzt: »Dieser Kelch ist der Neue Bund in meinem Blut. Tut dies, sooft ihr daraus trinkt, zu meinem Gedächtnis« (1 Kor 11,25). Der Durchmesser des Fußes beträgt 7 d, jener der Cuppa 8 d. Beide Symbolzahlen wurden bereits von den frühen Kirchenvätern auf das Alte und Neue Testament gedeutet (7 Schöpfungstage, Auferstehung am 8. Tag). Das Besondere an dieser Zahlenkonstellation ist, dass die Diagonale des Kelch-Querschnittes ebenfalls ganzzahlig ist (15 d). Bei den Kirchenvätern ist die Zahl 15 Ausdruck der Vereinigung von Altem und Neuem Testament. So wird offensichtlich, dass dem Kelch eine sorgfältige geometrische und ikonografische Planung vorausgeht. Nichts daran ist reine Zierde oder bloßes Ornament.

Der kleinere Teil des Kelches ist sein Fuß mit dem Nodus. Ein Ring aus 24 Perlen trennt die Cuppa vom Nodus und gibt einen weiteren Hinweis auf die Thronvision der Apokalypse. Die Perlen repräsentieren die 24 Ältesten, die um den Thron stehen. Der Nodus ist in neun Rautenfelder aufgeteilt (Abb. 34; Abb. hintere Klappe). Wo sich die Linien kreuzen, befanden sich einst 36 Glas-

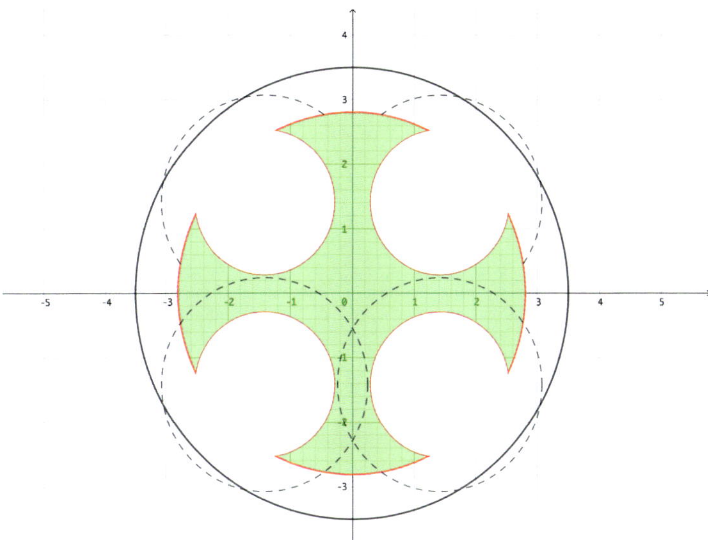

Abb. 37 Schematische Draufsicht auf den Fuß des Kelches mit Achsensystem.

einlagen, die Hälfte in grün, die andere in blau, verteilt auf vier Ebenen. Diese besondere Anordnung ist für die Aufschlüsselung des Textbandes von großer Bedeutung (siehe unten). Ähren und Trauben in der oberen Zone sind als Symbole für Brot und Wein zu sehen, die Grundelemente der Eucharistie. Sieben eingekerbte Scheiben in den Rautenfeldern der mittleren Zone, in Kreuzform angeordnet, verweisen auf die eucharistischen Brote. Vergleichbare Brote finden sich in der Buchmalerei, z. B. im Utrechter Psalter (um 830). In der unteren Zone schließen sich jeweils drei Tiere zu je drei Gruppen zusammen, ähnliche Tiere begegnen bereits auf der Cuppa im Fries und in den Zwickelfeldern. Ihre Bedeutung ist allgemein umstritten, hier scheinen sie das theologische Programm durch ihre Körpersprache zu »kommentieren«.

An der schmalsten Stelle des Kelches beginnt der eigentliche Fuß mit seinem überaus reichen Programm. Die vier kleineren Brustbilder werden von Flechtbändern und Weinranken umspielt (Abb. 20–24; 31 Mitte; 38–39). Die Anordnung der Flechtbänder ergibt – von oben gesehen – ein Kreuz mit geschweiften Balken, von einem Schriftband umrahmt (Abb. 37). Dieses große

Kreuz bildet das eigentliche Fundament des Kelches. Die Auswahl der Personen in den Medaillons hat einen Bezug zu den Evangelistensymbolen der Cuppa. Ihre Entschlüsselung ist neu und ergibt sich aus dem Gesamtprogramm. Die Vorderseite des Fußes bildet zusammen mit Christus die Deësis ab, ein im 7. Jahrhundert neu entwickelter Bildtyp, der sich z. B. in Rom Santa Maria Antiqua findet. Der letzte Prophet des Alten Bundes ist Johannes der Täufer ($\overline{IB}$), die erste Person des Neuen Bundes ist Maria ($\overline{M}\overline{T}$ *gr.* Meter Theou, Mutter Gottes), beide halten Fürsprache bei Christus – das Bild der Deësis. Hier wird sie um zwei weitere Personen – die Apostel Petrus und Thomas – ergänzt ($\overline{P}\overline{T}$ und $\overline{T}\overline{M}$).

Die Verbindungslinie zwischen Brustbild am Fuß und Evangelistensymbol auf der Cuppa verläuft aktuell nicht senkrecht, sondern diagonal, möglicherweise wurden beide Teile um 90° verschoben zusammengefügt oder die Medaillons der Cuppa versetzt montiert (Abb. 38).

Der deutlichste Hinweis darauf ist Maria, die sich jetzt links hinten befindet, sie muss zusammen mit dem Täufer auf der Vorderseite unter Christus sein, das verlangt die Hierarchie. Das Matthäus-Evangelium (Mensch) beginnt mit der Geschlechterfolge, die mit Maria endet: »von ihr wurde Jesus geboren« (Mt 1,16). Das Markus-Evangelium (Löwe) beginnt mit der Erzählung der Taufe Jesu durch Johannes der Täufer: »Eine Stimme ruft in der Wüste« (Mk 1,3). Der wohl wichtigste Apostel am Ende des Johannes-Evangeliums (Adler) ist der Zweifler Thomas ($\overline{T}\overline{M}$), der acht Tage nach der Auferstehung bekennt: »Mein Herr und mein Gott!« (Joh 20,28). Lukas (Kalb) ist nicht nur Autor des dritten Evangeliums, sondern auch der Apostelgeschichte, die im ersten Teil vor allem eine Petrus-Geschichte ist. Petrus verleugnet seinen Herrn und treibt damit das Passionsgeschehen voran. Den fürbittenden Personen auf der Schauseite (Maria und Johannes) entsprechen die kleingläubigen Apostel der Rückseite (Petrus und Thomas) (Abb. 39,1-4). Der Hl. Petrus ist auch Schutzpatron des Salzburger Klosters, wo der Kelch vermutlich angefertigt wurde. Ihm und dem Hl. Rupert ließ Bischof Virgil eine Domkirche größten Ausmaßes errichten.

Wird das Engelwesen der Cuppa mit Maria am Fuß kombiniert gesehen, entsteht so eine Verkündigungsszene, die älteste Darstellung nördlich der Alpen. Das erklärt auch die Spindel in ihrer linken Hand, mit der sie auf das Wort »VIRGA« (Spross, Szepter) im Textband zeigt. Mit der Rechten erwidert sie den Gruß des Engels auf der Cuppa, der auf sie hinunterzeigt. Genau darüber

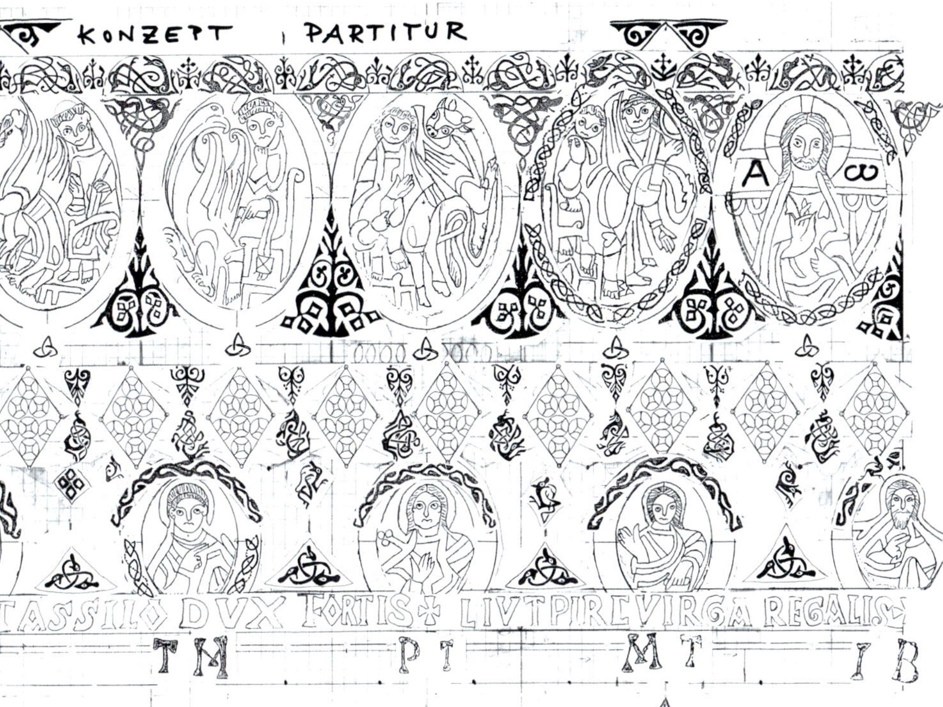

Abb. 38 Rekonstruktion des Bildprogramms als aufgerolltes Schema, wie es nach der These von P. Altman Pötsch ursprünglich intendiert war, aber vom Handwerker nicht realisiert wurde (vgl. dagegen das aktuelle Schema im Abb. hintere Klappe). Der linke Rand ist durch das Textband festgelegt. Die Medaillons der Cuppa sind gegenüber dem Original um 1 Medaillonfeld nach links verschoben; damit steht Christus als fünftes Medaillon am Schluss.

berichtet das Protoevangelium des Jakobus: »Maria ging in ihr Haus, stellte den Krug ab, nahm den Purpur, setzte sich damit auf den Stuhl und spann den Purpur aus ... Sie machte den Purpur und den Scharlach fertig und brachte ihn zum Priester.« (Kap. 11 f.). Der Engel nennt auch den Namen des Kindes, der abgekürzt über Christus zu lesen ist: Iesus (IeSus, Lk 1,31). Die Gestik der anderen Personen ist weniger ausdrucksstark: Johannes der Täufer und Thomas halten die Rechte an der Brust (Autoritätsgestus), die Linke ist unter dem Gewand verborgen und erhoben. Nur Petrus hält einen szepterförmigen Stab

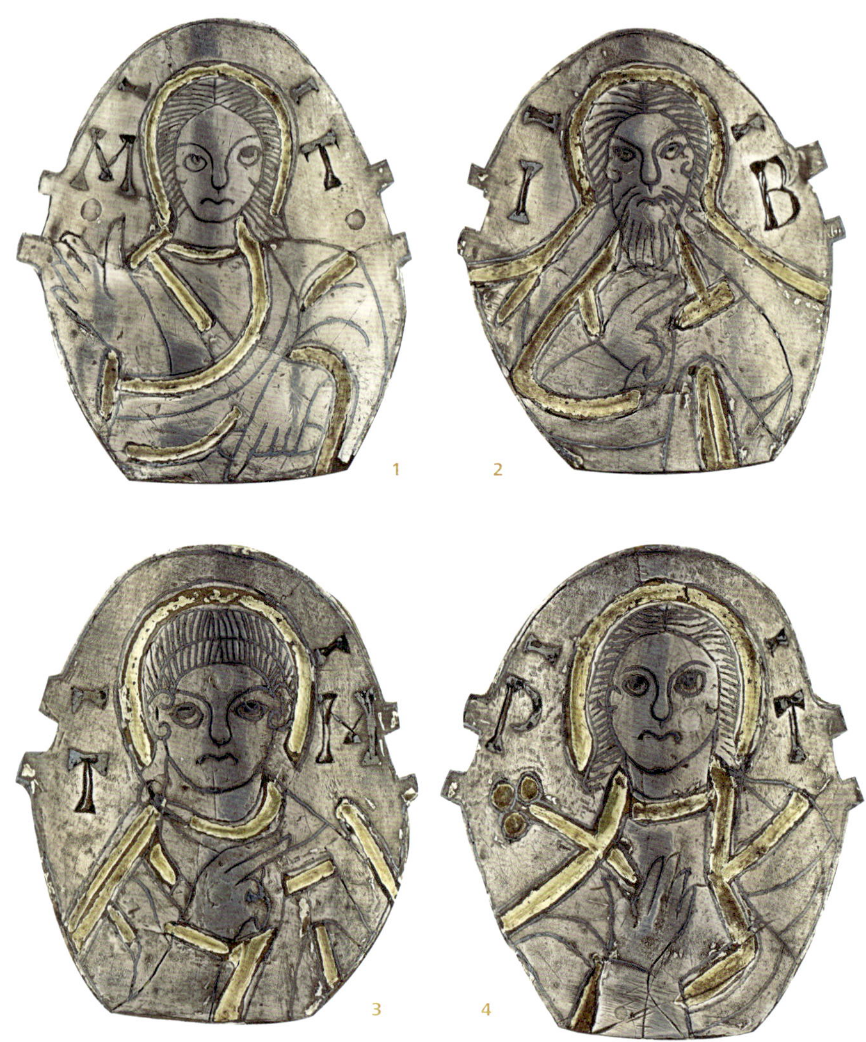

Abb. 39 Die Heiligen-Medaillons auf dem Fuß. 1 $\overline{MT}$ (Maria); 2 $\overline{TB}$ (Johannes Baptista, der Täufer); 3 $\overline{TM}$ (Thomas); 4 $\overline{PT}$ (Petrus).

S	R	O	D	P	E	R	G	T	O
S									F
V		L	I	V	T	P	I		I
I		S	T	A	S	S	R		T
L		I	O	R	T	I	C		C
I		L	F	S	I	L	V		A
G		A	X	V	D	O	I		L
R		G	E	R	A	G	R		I
I									X
V	S	I	R	A	T	V	L	A	S

Abb. 40 Die Inschrift auf dem Tassilo-Liutpirc Kelch in Quadratform und das Anagramm als Außenrahmen. Die ersten 16 Buchstaben bilden das Innenquadrat, es wird von den 20 Buchstaben der zweiten Texthälfte gerahmt. Das aus den 36 Inschriftenbuchstaben gebildete Anagramm wird in fortlaufender Richtung gelesen.

mit dreikugeligem Ende, ähnlich den Darstellungen mit Kreuzstab im frühen Mittelalter. Seine ungewöhnliche Ikonografie (volles Haupthaar, bartlos) geht zurück auf antike Darstellungen in Goldgläsern aus Rom.

Zuletzt bleibt noch das Textband zu betrachten (Abb. 2; 20–24; Abb. hintere Klappe). Auf zwei gleich großen Feldern müssen 16 und 20 Buchstaben Platz finden (Abb. 40). Die Namen der Stifter befinden sich jeweils rechts und

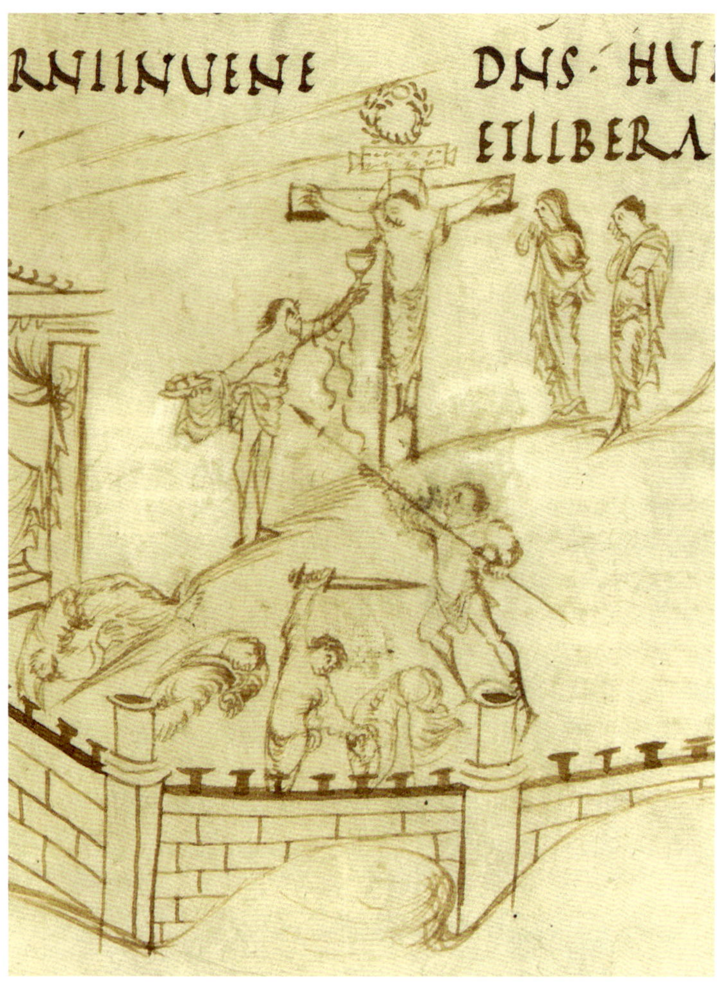

Abb. 41 *Calicem salutaris accipiam et nomen Domini invocabo* – »den Kelch des Heils will ich erheben und den Namen des Herrn anrufen«. Illustration zu Psalm 115,4 im Utrechter Psalter fol., 67r, Reims um 830 (Universiteitsbibliotheek Utrecht). – Rechts vom Gekreuzigten stehen Maria und der Apostel Johannes. Links vom Kreuz hält der Psalmist David den Kelch des Heils hoch, das Blut Christi zu empfangen, in der Linken eine Patene mit vier Broten. Darunter Longinus mit der Lanze, seitlich von ihm erleiden mehrere Heilige das Martyrium. Die ganze Szenerie spielt innerhalb der Mauern Jerusalems.

links außen entlang der Kreuzbalken, sodass auf der Schauseite »VIRGA REGALIS« und gegenüber »DVX FORTIS« zu lesen ist. Auch hier lässt sich eine zweite Bedeutungsebene erkennen. In der Geburtserzählung des Matthäus-Evangeliums ist vom *dux* die Rede: »... denn aus dir wird ein Fürst hervorgehen« (Mt 2,6). Vorbereitet wird das Fest seiner Geburt durch die Liturgie des Advents, die mehrmals Texte aus dem Buch Jesaja entnimmt: »Denn uns ist ein Kind geboren, ein Sohn ist uns geschenkt, ... starker Gott ...« (*Deus fortis*, Jes 9,5). Zwei Kapitel später spricht der gleiche Prophet vom Baumstumpf Isais, aus dem ein Reis hervorgeht (*Et egredietur virga de radice Iesse et flos de radice eius ascendet*, Jes 11,1). Die Formel Iesse – virga – flos = Isai – Maria – Christus ist im Mittelalter weit verbreitet. Zahlreiche Hymnen machen von dem Wortspiel virga – virgo Gebrauch. In der schon erwähnten römischen Kirche Santa Maria Antiqua findet sich die Darstellung der Maria Regina als Orantin mit der byzantinischen Kaiserkrone. Auch Maria ist königlicher Spross und stellt sich durch ihr *Fiat* dem Heilsplan Gottes zur Verfügung. Mit dieser sehr speziellen Wortwahl gelingt dem Textschöpfer ein Hinweis, der uns vom Stifterehepaar zum Hauptinhalt des Kelchprogramms hinführt: die Erlösung der Menschheit durch Jesu Inkarnation, Tod, Auferstehung und Rückkehr zum Vater, angezeigt in den vier *sacramenta* der Cuppa.

Werden die 36 Buchstaben des Textbandes analog zu den 4 x 9 Glasflüssen des Nodus neu geordnet, ergibt sich folgendes Anagramm: Salutaris calix fit S. Rodpergto + Virgilius + (ein Heilskelch, gemacht für den Hl. Rupert + Virgilius +) (Abb. 40). Nur wenige Jahre nach der Entstehung des Kelches verfasst der angelsächsische Gelehrte Alkuin einige Gedichte über Salzburgs Kirchen, in denen die auffällige Namensschreibung des Salzburger Heiligen jener im Anagramm sehr ähnlich ist: *pater egregius Hrodperctus*.

Damit schließt sich der Kreis der Neuinterpretation des Tassilo-Liutpirc-Kelches, der von Bischof Virgil für seinen Rupert- und Petrus-Dom konzipiert wurde. Mit dem Zitat aus Psalm 115 *Calicem salutaris accipiam* (»den Kelch des Heils will ich erheben«) beginnt die Liturgie des Gründonnerstags, an dem alljährlich die Einsetzung der Eucharistie gefeiert wird (Abb. 41). Zu Recht wird der Tassilo-Liutpirc-Kelch seit vielen Jahren im Stift Kremsmünster an diesem Tag verwendet. So findet das Programm des Kelches seine äußerste Verdichtung in der Liturgie des österlichen Triduums.

Ausgewählte Literatur

Der im Grußwort des Abtes Ambros Ebhart genannte voluminöse Band zum Forschungsprojekt enthält alle in diesem Bändchen knapp vorgestellten Forschungsergebnisse zur Archäometrie, Archäologie, Goldschmiedetechnik, Geschichte, zur Provenienz, zur Kunst, Ikonografie und Theologie des Tassilo-Liutpirc-Kelches:

Egon Wamers (Hg.), Der Tassilo-Liutpirc-Kelch im Stift Kremsmünster. Geschichte, Archäologie, Kunst. Schriften des Archäologischen Museums Frankfurt 32, Regensburg 2019, mit Beiträgen von Matthias Becher, Anja Cramer, Rüdiger Fuchs, Reinhard Gratz, Susanne Greiff, Martina Hartmann, Sonngard Hartmann, Wilfried Hartmann, Guido Heinz, Elisabeth Krebs, Stephan Patscher, Alexandra Pesch, P. Altman Pötsch, Renate Prochno-Schinkel, Katrin Roth-Rubi, Michael Ryan, Anton Scharer, Florian Ströbele, Egon Wamers, Herwig Wolfram.

Aktueller Lexikon-Artikel zum Kelch

https://www.historisches-lexikon-bayerns.de/Lexikon/Tassilo-Liutpirc-Kelch (Egon Wamers).

Erste kunstwissenschaftliche Dokumentationen und Studien

P. Marian Pachmayr, Historico-chronologica *series abbatum* et religiosorum monasterii Cremifanensis, Steyr 1777.

Franz Bock / Winfried Zimmermann, Frühkarolingische Kirchengeräthe im Stifte Kremsmünster. Mittheilungen der k. k. Central-Kommission zur Erforschung und Erhaltung der Baudenkmale 4, Wien 1859, 6–13.

Ernst Heinrich Zimmermann, Das Kunstgewerbe des frühen Mittelalters auf der Grundlage des nachgelassenen Materials von Alois Riegel. In: Alois Riegl, Die spätrömische Kunstindustrie Teil 2, Wien 1923.

Grundlegende kunsthistorische und archäologische Beiträge

Pankraz Stollenmayer, Der Tassilokelch. In: Gymnasial-Festschrift Kremsmünster, Wels 1949, 1–109.

Günther Haseloff, Der Tassilokelch.(Münchner Beiträge zur Vor- und Frühgeschichte 1, München 1951.

Kurt Holter, Der Codex Millenarius im Rahmen der Mondseer und Salzburger Buchmalerei. Der Codex Millenarius II, Linz 1959.

Günther Haseloff, Zum Stand der Forschung über den Tassilokelch. In: Von Severin zu Tassilo. Baiernzeit in Oberösterreich (Ausstellungskatalog Linz Nr. 96), Linz 1977, 221–236.

Victor H. Elbern, Der eucharistische Kelch im frühen Mittelalter. Zeitschrift des deutschen Vereins für Kunstwissenschaft 17, 1963, 1-76, 117–188.

Kurt Holter, Kunstschätze der Gründungszeit. In: Die Anfänge des Klosters Kremsmünster, Linz 1978, 111–143, hier: 110–116.

Volker Bierbrauer, Liturgische Gerätschaften aus Baiern und seinen Nachbarregionen in Spätantike und frühem Mittelalter. In: Die Bajuwaren. Von Severin bis Tassilo 488-788, Ausstellungskatalog Rosenheim-Mattsee 1988, 328-341.

Jüngere Versuche zur Ikonografie

Victor H. Elbern, Zwischen England und Oberitalien. Die sog. insulare Kunstprovinz in Salzburg. In: Jahres- und Tagungsbericht der Görres-Gesellschaft 1989, 96–111.

Egon Wamers, Pyxides imaginatae. Zur Ikonographie und Funktion karolingischer Silberbecher. Germania 69, 1991, 97-152.

Egon Wamers, Tassilo III. von Baiern oder Karl der Große? Zur Ikonographie und Programmatik des sogenannten Tassilokelch-Stils. In: Hans Rudolf Sennhauser, Wandel und Konstanz zwischen Bodensee und Lombardei zur Zeit Karls des Grossen. Kloster St. Johann in Müstair und Churrätien. Acta Müstair, Kloster St. Johann, 3, Zürich 2013, 427–448.

Symposiumsberichte und Ausstellungskataloge

Die Anfänge des Klosters Kremsmünster. Symposion 15.–18. Mai 1977. Linz 1978.

Heinz Dopsch, Roswitha Juffinger (Hg.), Virgil von Salzburg. Missionar und Gelehrter. Symposiumsbeiträge 21.–24 September 1984 Salzburg, Salzburg 1985.

Hermann Dannheimer, Heinz Dopsch (Hg.), Die Bajuwaren. Von Severin bis Tassilo 488-788. Ausstellungskatalog Rosenheim / Mattsee 1988.

Lothar Kolmer. Christian Rohr (Hg.), Tassilo III. von Bayern. Großmacht und Ohnmacht im 8. Jahrhundert, Regensburg 2005.

Die Grunddokumente zu den Anfängen von Stift Kremsmünster in Latein und Deutsch

P. Altman Pötsch, Vier Quellentexte zur Gründung Kremsmünsters. Jahresbericht des Öffentlichen Stiftsgymnasiums Kremsmünsters 158, 2015, 51–96.

Detaillierte und umfangreiche historische Studien zu Baiern und Österreich

Herwig Wolfram, Grenzen und Räume. Geschichte Österreichs vor seiner Entstehung. Österreichische Geschichte 378–907, Wien 1995.

Herwig Wolfram, Salzburg, Bayern, Österreich. Die Conversio Bagoariorum et Carantanorum und die Quellen der Zeit. Mitteilungen des Instituts für Österreichische Geschichtsforschung, Ergänzungsband 31, Wien/München 1995.

Kompakte Biografie von Herzog Tassilo III.

Herwig Wolfram, Tassilo III. Höchster Fürst und niedrigster Mönch (Kleine bayerische Biografien), Regensburg 2016.

Abbildungsnachweis

Alle Fotos vom Tassilokelch stammen, sofern nicht anders angegeben, vom Römisch-Germanischen Zentralmuseum, Mainz (RGZM), Fotograf V. Iserhardt.

Abb. 1 © Stift Kremsmünster, Stefan Kerschbaumer.

Abb. 2,1; 32, Abb. hintere Klappe innen (Umzeichnungen der Kelchmotive): V. Kassühlke, RGZM.

Abb. 3–4 Stiftsbibliothek Kremsmünster.

Abb. 5 nach P. Marian Pachmayr 1777.

Abb. 6 Martin Schiffer, Deutsch Wagram.

Abb. 7 Foto E. Wamers.

Abb. 8 nach Wolfram 2016.

Abb. 9–10 Entwurf E. Wamers, Ausfertigung B. Breuninger.

Abb. 11 The Morgan Library & Museum, New York.

Abb. 12 Museo e Tesoro del Duomo di Monza, Piero Pozzi.

Abb. 15; 17–18: Aufnahmen/Entwurf St. Patscher, Römisch-Germanisches Zentralmuseum Mainz.

Abb. 25,1 Museo Diocesano di Feltre e Belluno, http://www.chiesabellunofeltre.it/concorso-logo-diocesi/ [04.05.2021].

Abb. 25,2 National Museum of Ireland, Dublin.

Abb. 26,1–2 https://bvmm.irht.cnrs.fr/consult/consult.php?mode=ecran&panier=false&reproductionId=17271&VUE_ID=1426792&carouselThere=false&nbVignettes=4x3&page=1&angle=0&zoom=moyen&tailleReelle [19.05.2019].

Abb. 27 Stiftung FSMA, Bad Zurzach.

Abb. 28; 40 https://psalter.library.uu.nl/ [05.05.2021].

Abb. 29 nach B. M. Szőke, Der Cundpald-Kelch. Wege und Umwege in der Forschung. Acta Archaeologica Academiae Scientiarum Hungaricae 59, 2008.

Abb. 30 Foto Stift Kremsmunster, Negativ-Nr. 31.2069; bearbeitet von B. Breuninger.

32,1–2 Abwicklung 3D-Modell A. Cramer/G. Heinz, RGZM; 3 Zeichnung B. Breuninger.

Abb. 34 Abwicklung 3D-Modell A.Cramer/G.Heinz, RGZM.

Abb. 35 https://upload.wikimedia.org/wikipedia/commons/5/5b/Alkuin-Bibel_Miniatur_NT.jpg [19.05.2019].

Abb. 36, 37, 40 P. Anselm Demattio, Stift Kremsmünster.

Abb. 38 Entwurf und Ausführung P. Altman Pötsch.

Abb. 41 https://psalter.library.uu.nl/page?p=140&res=2&x=0&y=0 [26.05.2021].

Abb. Abb. hintere Klappe: Zeichnungen V. Kassühlke, RGZM; Layout B. Breuninger.

Danksagung

Für zahlreiche fachliche Hinweise und Hilfen danken wir Prof. Dr. Martina Hartmann; Prof. Dr. Carol Neuman de Vegvar; Dr. Daibhi Iarla Ó Cróinín; Stephan Patscher M.A.; P. Petrus Schuster OSB; Prof. Dr. Renate Prochno-Schinkel; Dr. Michael Ryan; Prof. Dr. Herwig Wolfram.

Abbildung der vorderen Umschlagseite: Tassilo-Liutpirc-Kelch.

Abbildung vordere Klappe: Dreipass-Knoten mit insularen Tierköpfen vom Kelchfuß als Dreifaltigkeitssymbol, Umzeichnung.

Abbildung der Rückseite: insulares Weinstockmotiv von der Cuppa des Kelches, Umzeichnung.

Abbildung hintere Klappe: Schematische Übersicht der Bildmotive der Kelchoberfläche nach den Friesen »Mundsaum«, »Cuppa«, »Nodus«, »Fuß« und »Inschriftenband«, orthogonal gestreckt. Alle Motive maßstäblich, Medaillons fotografiert, sonstige Motive nach Fotografien umgezeichnet.

Bibliografische Information der Deutschen Nationalbibliothek:
Die Deutsche Nationalbibliothek verzeichnet diese Publikation
in der Deutschen Nationalbibliografie; detaillierte bibliografische
Daten sind im Internet über http://dnb.dnb.de abrufbar.

1. Auflage 2021

Umschlaggestaltung: Anna Braungart, Tübingen
Satz: typegerecht berlin
Druck: Optimal media GmbH, Röbel/Müritz
ISBN 978-3-7954-3662-9

Weitere Informationen zum Verlagsprogramm erhalten Sie unter:
www.schnell-und-steiner.de